政治活動要覧

〈地方選挙編〉

第五次改訂版

JN114246

国政情報センター

目　次

第1章　はじめに

第2章　平時の政治活動

第3章　選挙時の政治活動

第4章　政治資金の主な規正

目　次

第5章　政治活動における主な罰則

図　表

I

はじめに

政治活動とは

政党その他の政治活動を行う団体とは

ポイント ▶ 公職選挙法は、「政党その他の政治活動を行う団体」の政治活動についてさまざまな規制を設けています。

▶ 「政党その他の政治活動を行う団体」とは、公職選挙法上その意義に関する明文の規定はないものの、広く「政治活動を行う目的を有する団体」と解されています。
したがって、政治資金規正法で規定する政治団体（政治活動を行うことを本来の目的とする団体及び政治活動を主たる活動として組織的・継続的に行う団体）だけでなく、副次的に政治活動を行うことを目的とする団体（経済団体、労働団体、文化団体など）もこれに含まれます。

ケース解説 ▶ **政治資金規正法上の届出のない政治団体も規制を受けるか**
政治資金規正法では、政治団体が結成されたときは7日以内に選挙管理委員会または総務大臣に届け出ることとされています。届出をした政治団体は、当然に公職選挙法上、「政党その他の政治活動を行う団体」として規制を受けます。
政治資金規正法上の政治団体であっても形式的に届出をしていない団体や、政治資金規正法上の政治団体には該当しないため届出をしていない団体（副次的に政治活動を行うことを目的とする文化団体など）も、実質的には政治活動を行う目的を有する団体であるならば、公職選挙法上は「政党その他の政治活動を行う団体」として規制を受けます。

公職の候補者等とは

ポイント ▶ 公職選挙法において「公職」とは、衆議院議員、参議院議員、地方公共団体の議会の議員及び長の職をいいます。

〔公職選挙法3条関係〕

▶ 公職の候補者等とは、公職の候補者及び公職の候補者になろうとする者（公職にある者を含む）をいいます。
① 「公職の候補者」とは、現に立候補を届け出ている者をいいます。
② 「公職の候補者になろうとする者」とは、これから立候補する意思を有する者をいいます。
③ 「公職にある者」とは、現在議員などの公職にある者をいいます。

〔公職選挙法199条の2関係〕

政治活動とは

ポイント ▶ 公職選挙法では「政治活動」「選挙運動」について明文の規定はないものの、政治活動と選挙運動を区別しています。すなわち政治活動とは、「政治上の目的をもって行われるすべての行為から選挙運動に該当する行為を除いた一切の行為」と解しています。

▶ 選挙運動とは、判例により、次の3つの要素を満たす行為と解しています。
①特定の選挙において、
②特定の候補者の当選を目的として、
③投票を得または得させるために、直接・間接を問わず選挙人にはたらきかける行為

ケース解説 ▶ **後援会の結成が政治活動ではなく選挙運動とみなされる場合**
後援会の結成目的が単に被後援者の人格敬慕や純粋な政治教育にとどまる場合には、後援会結成のための会合の開催などは選挙運動には該当しません。
ただし、後援会結成の時期、場所、方法などから総合的に判断して、特定の選挙について特定の候補者を当選させるために後援会が結成されることが明らかな場合には、選挙運動とみなされます。

政治活動と選挙運動の違い

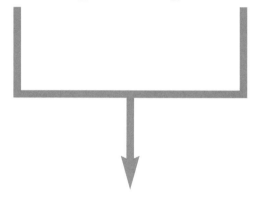

一般的に政治活動と呼ばれる活動の中には、特定の公職の候補者を当選させるために行う選挙運動に該当する活動も含まれる場合が多く見受けられます。

そこで公職選挙法では、政治活動と選挙運動を明確に区別するために、政治活動を「政治上の目的をもって行われるすべての行為から選挙運動に該当する行為を除いた一切の行為」と解しています。

したがって、<u>政治活動のうち選挙運動に該当する政治活動は、公職選挙法では政治活動としてではなく、選挙運動としての規制を受けることになります。</u>

＊選挙運動の規制については、弊社刊『地方選挙要覧』をご覧ください。

事前運動の禁止

ポイント ▶ 立候補の届出以前に選挙運動をする（事前運動をする）ことは
禁止されています。

罰則 ▶ P92

〔公職選挙法129条関係〕

ケース解説 ▶ **立候補の意思決定のために行う世論調査は事前運動か**

立候補を決意するためにあらかじめ有権者の支持状況を調査する行為（瀬踏行為）は、立候補の準備行為として認められています。瀬踏行為には次のようなものがあります。

①有力者などを通じての打診と世論調査

地域や政党などの有力者と会って有権者の意識や選挙情勢の話を聞いたり、意見の交換をすること。あるいは、選挙区内の有権者を対象に意識調査などの世論調査を行い、自分がどれくらい有権者の支持を得られるのか、どんな政策が望まれているのかなどを知ること。

ただし、広範囲に行うなど、その方法いかんによっては投票の依頼を暗示するものとなり、事前運動の禁止に該当するおそれがあります。

②演説会や座談会の開催

多くの有権者の反響を直接みるために、議会報告演説会（公職にある者の場合）、時局演説会、政策発表演説会、座談会などを開催すること。

ただし、投票依頼のために行われる演説会や座談会は選挙運動となり、事前運動の禁止に該当します。

▶ **政党の公認や団体の推薦を得る行為は事前運動か**

立候補しようとする者が政党の公認を求めたり、各種の友好団体の推薦を得られるかどうかの意向を打診することは、立候補の準備行為として認められています。また、特定の個人に対して推薦人になってもらうよう依頼することも、立候補準備行為として認められています。

ただし、会社などの団体から推薦を受けた者が謝意を表すためにその団体を訪問する際、投票を依頼すれば事前運動の禁止に該当します。

▶ **候補者の推薦会の開催は事前運動か**

政党その他の政治団体や労働組合、あるいは単なる有権者など
が集まって特定の候補者の推薦を決定することは、立候補の準
備行為として認められています。推薦された人がこれを受けて
立候補を決意することも問題ありません。

ただし、次のような場合には一般に選挙運動となり、事前運動
の禁止に該当するおそれがあります。

①推薦会に集まったそれぞれの人たちが、まったくの白紙の状
　態から相談して候補者の推薦を決めたのではなく、あらかじ
　め候補者が内定しており、会合でそれを了承させたり、形式
　的に決定した場合

②推薦会の後、単にその結果を会員に通知するにとどまらず、
　会員以外の外部の者にそれを発表・宣伝した場合

③推薦会を開催するために多くの仲間たちを戸別訪問し、それ
　が特定の人の当選をあっせんする行為と認められる場合

▶ **政治団体の幹部が候補者の公認を協議する行為は事前運動か**

それが政党の内部的行為と認められ、単に公認するにとどまる
限りにおいては事前運動に該当しません。

▶ **立候補しようとする者への中止勧告は事前運動か**

立候補しようとする者へ立候補しないよう勧告することは、そ
れが政党の本部・支部において関係地域全体またはその党全体
にわたる選挙対策の実行にすぎないと認められる場合などには、
選挙運動の準備行為として認められています。

ただし、その中止勧告が他の特定の候補者の当選をあっせんする
目的で行われれば選挙運動となり、事前運動の禁止に該当します。

▶ **立候補を決意した会社社長が自社広告に名前を掲載してよいか**

例えば自社の営業広告に名を借りて、社長○○○○と新聞に掲
載した場合、ことさらに氏名が強調されているようであれば、
一般的には選挙運動となり、事前運動の禁止に該当するおそれ
があります。

ケース解説 ▶ **立候補を決意した旨を葉書で通知する行為は事前運動か**

立候補を決意した者がその旨を不特定多数の人に葉書で通知すれば選挙運動となり、事前運動の禁止に該当します。また、地域の有力者などの限られた人に通知する場合でも、その文面や通知先の数などから選挙運動とみなされる場合があります。

▶ **立候補届出前の選挙運動用葉書の宛名書きは事前運動か**

選挙運動用葉書の宛名書きのほか、次のようなものは選挙運動とは区別されており、事前の準備行為として認められています。

①推薦を依頼するための内交渉

②選挙事務所や個人演説会場などの借入れの内交渉

③選挙演説を依頼するための内交渉

④自動車や拡声機の借入れの内交渉

⑤出納責任者・選挙運動員・労務者となることの内交渉

⑥選挙運動員たちの任務の割り振り

⑦選挙運動用ポスター・立札・看板などの作成、印刷

⑧選挙公報・政見放送の文案の作成

⑨選挙運動費用の調達

ただし、他人に選挙運動を依頼する行為は、それらを行ってくれる可能性のある者に対して内交渉をする場合は一般的に選挙運動の準備行為と解されますが、およそ無関係な選挙人に対してまで依頼するような場合は選挙運動と認められるおそれがあります。

II

平時の
政治活動

禁止される行為

事前ポスターの禁止

ポイント ▶ 地方公共団体の議会議員または長の選挙において、任期満了による選挙の場合は任期満了の日の6ヵ月前の日から選挙期日までの間、それ以外の選挙の場合は選挙管理委員会が当該選挙を行うべき事由が生じたときその旨を告示した翌日から選挙期日までの間は、公職の候補者等及びこれらの者の後援団体の政治活動に使用するポスターで、当該候補者等の氏名もしくは氏名類推事項または後援団体の名称を表示したものを当該選挙区内に掲示することは禁止されます。

罰則▶P93

（公職選挙法143条関係）

候補者による年賀状などの挨拶状の禁止

ポイント ▶ 公職の候補者等が、選挙区内にある者に対し、年賀状、暑中見舞状、年賀電報などの時候の挨拶状を出すことは、時期にかかわらず常に禁止されます。
ただし、答礼を目的とした本人自筆のもの、及び時候の挨拶以外の祝電や弔電は禁止されていません。

（公職選挙法147条の2関係）

ケース解説 ▶ **署名のみ自筆のものは認められるか**
自筆とは候補者本人の肉筆をいい、石版や複写などで複製したもの、署名のみ自筆のもの、口述して他人に代筆させたものなどは認められません。

▶ **禁止される挨拶状には他にどのようなものがあるか**
例えば次のようなものは禁止されます。
①「喪中につき年賀の挨拶を失礼します」なる欠礼の葉書
②電子郵便による年賀の挨拶
③ファックスによる残暑見舞の挨拶
④クリスマスカード

挨拶を目的とする有料広告の禁止

ポイント ▶ 公職の候補者等及びその後援団体は、選挙区内にある者に対

罰則▶P92 し、年賀・暑中見舞・慶弔・激励・感謝などの挨拶を目的とする広告を有料で新聞、ビラ、パンフレット、インターネット等で頒布したり、テレビやラジオを通じて放送することは選挙期間中・選挙期間前後にかかわらず常に禁止されます。また、いかなる者も、これらの者に対して有料広告の掲載や放送を求めてはいけません。

〔公職選挙法152条関係〕

ケース解説 ▶ **政策広告は禁止されるか**

有料の政策広告は、一般的には挨拶を目的とする有料広告には該当しません。

▶ **有料の政策広告に挨拶文を掲載してもよいか**

有料の政策広告の中に挨拶文を入れたことで、全体として年賀・慶弔などの挨拶を主な目的としていると認められる場合には、挨拶を目的とする有料広告の禁止に該当します。

▶ **候補者自身が発行する雑誌に挨拶文を掲載してもよいか**

「有料」とは、広告のための対価を支払うという意味なので、公職の候補者等や後援団体が自ら発行する政策普及のための雑誌やパンフレットなどに挨拶文を掲載することは、152条では禁止されていません。

▶ **禁止される挨拶には他にどのようなものがあるか**

各種大会の祝いの挨拶、人の死亡についての挨拶、地元高校の野球大会出場に際しての激励の挨拶、後援団体の結成10周年に当たりそれまでの支援に対する挨拶、災害見舞などがあります。

政治活動上の注意点

演説会や座談会の開催

ポイント ▶ 公職の候補者等及び政党その他の政治団体は、選挙運動にわた
らない限り、選挙期間中でなければ自由に演説会や座談会を開
催できます。
　ただし、この演説会などの告知用ポスターを掲示する際、公職
の候補者等の掲示するポスターには一定の期間制限があり、そ
の記載事項や記載方法などによっては選挙運動となることがあ
ります。(☞P16)

各種の調査活動

ポイント ▶ 公職の候補者等または政党その他の政治団体が、さまざまな市
民団体や業界団体などと会合をもち意見を聞くことは、選挙運
動にわたらない限り、調査活動として時期にかかわらず認めら
れています。また、アンケート用紙を作り、党員自らが一般市
民からアンケートをとることもできます。
　ただし、調査やアンケートを口実として投票依頼などを行えば
選挙運動となります。

政治活動用文書図画の掲示の制限

ポイント ▶ 選挙のない平時において、公職の候補者等及びその後援団体
は、選挙運動にわたらない限り、政策の普及や宣伝、党勢の拡
張、政治啓発などの政治活動を原則として自由に行うことがで
きます。
　ただし、公職の候補者等及びその後援団体が氏名（氏名類推事
項を含む）や名称を表示する文書図画を掲示する場合、後述す
る一定の制限の下での立札・看板の類とポスターのみを掲示で
き、その他の文書図画はいっさい掲示できません。

〔公職選挙法143条関係〕

立札・看板の類の掲示の制限

ポイント ▶ 公職の候補者等及びその後援団体が氏名や名称を表示する立札・看板の類を掲示する際には、時期にかかわらず次のような制限があります。

罰則▶P93

①1つの政治活動用事務所ごとにその場所において事務所に2枚以内
②次に掲げる総数の範囲内
③大きさは、縦150cm、横40cm以内
④選挙管理委員会から交付を受けた証票が表示されていること
ただし、以上の掲示制限をすべて満たしても、掲示の時期や態様などを総合的に考え、その立札・看板の類が事務所の表示を口実として公職の候補者等の氏名を普及宣伝していると認められる場合には、選挙運動とみなされるため掲示できません。

選挙の種類	候補者の制限総数	後援団体の制限総数
都道府県知事選挙 ・小選挙区が2の都道府県	12枚	18枚
・小選挙区が2を超える都道府県（※）	選挙区数が2つ増すごとに、12に2ずつ加えた枚数	選挙区数が2つ増すごとに、18に3ずつ加えた枚数
指定都市の市長選挙	10枚	10枚
都道府県議会の議員選挙 市議会の議員選挙 指定都市以外の市長選挙 特別区長選挙 特別区議会の議員選挙	6枚	6枚
町村議会の議員選挙 町村長選挙	4枚	4枚

※例えば、衆議院議員選挙の小選挙区の数が6区ある京都府の場合、候補者が掲示できる総数は、12＋2＋2＝16枚。3区ある奈良県の場合は、「選挙区数が2を増して」いないので2区と同じ12枚。

〔公職選挙法143条、同法施行令110条の5関係〕

▶ **候補者の氏名を表示していない看板も制限を受けるか**

公職の候補者等及びその後援団体の氏名（氏名類推事項を含む）や名称の表示がないものは、制限を受けません。

▶ **掲示制限をすべて満たす看板を街角に掲示できるか**

掲示制限は、公職の候補者等の政治活動事務所や後援団体の事務所がすでに設置されている場合に、その事務所を表示する立札・看板の類に適用されるものです。したがって、例えば畑や野原や街角など、事務所以外の場所に掲示することはできません。

▶ **実質的に政治活動を行っていない事務所に掲示できるか**

例えば後援会連絡所のようなものを設置し、それが名目上は事務所であっても実態として政治活動のための各種事務を行っていなければ、その場所に掲示することはできません。

▶ **ガラス製の立方体の容器を事務所の看板として掲示できるか**

例えばガラス板で四角に囲んで内部に電灯を取り付け、その表面に公職の候補者等の氏名を表示したものなどは、立札・看板の類と認められないので掲示できません。

▶ **事務所の扉に直接名称を書いたものは看板として使用できるか**

例えば事務所の入口のドアに制限規格内の枠を設け、そこに直接後援団体の名称を記載したものは、立札・看板の類と認められるため使用できます。

▶ **1つの看板を両面使用した場合は何枚と計算されるか**

2枚と計算されます。

▶ **候補者と後援団体の事務所が同居している場合の掲示枚数**

1つの場所に同居していても、それぞれの事務所が実態として政治活動のための各種事務を行っていれば、それぞれ2枚までその場所に立札・看板の類を掲示することができます。

ケース解説 ▶ **2つ以上の選挙に立候補を予定している者の掲示枚数**

例えば立候補予定者が知事選挙にも県議会議員選挙にも立候補したいというように、2つ以上の選挙にかかわる場合には、その立候補予定者及び後援団体は、立候補予定者が指定するいずれか1つの選挙についての制限枚数までしか掲示できません。

▶ **2人以上の立候補予定者を支援する後援団体の掲示枚数**

後援団体が2人以上の立候補予定者を支援したいといった場合には、その後援団体はその後援団体が指定するいずれか1人のみの後援団体とみなされます。したがって、指定された立候補予定者がかかわる選挙についての制限枚数までしか掲示できません。

▶ **足がついている看板に規格制限はあるか**

縦150cm、横40cmという規格制限は、字句の記載される部分だけではなく、その下に足がついている場合は、その足の部分も含まれます。

▶ **掲示制限をすべて満たす次のような看板は掲示できるか**

いずれも129条、146条に違反しない限り、掲示することができます。

※○○はいずれも公職
の候補者等の氏名

ポスターの掲示の制限

ポイント

罰則▶P93・95

▶ 公職の候補者等及びその後援団体が氏名や名称を表示する政治活動用ポスターを掲示する際には、時期にかかわらず次のような制限があります。
なお、次の制限をすべて満たしたものでも、選挙前の一定期間は掲示が禁止されています。(☞P16)

① ベニヤ板やプラスチック板などで裏打ちされたポスターは使用できない。

② ベニヤ板などで裏打ちされていないポスターでも、公職の候補者等もしくはその後援団体の事務所や連絡所、または後援団体の構成員であることを表示するものは使用できない。

③ ポスターの表面に、掲示責任者と印刷者の氏名・住所(印刷者が法人の場合には法人名・所在地)が記載されていること。

〔公職選挙法143条関係〕

▶ 政治活動のための演説会・後援会・研修会などの集会場で、その開催中に使用されるポスターは、選挙運動にわたるものでなければ制限はありません。

▶ 政党その他の政治団体が選挙期日の告示前に掲示した政治活動用ポスターのうち、そこに氏名や氏名類推事項が記載されている者が候補者になったポスターは、当該選挙区において、その者が候補者となった日のうちに撤去しなければなりません。

〔公職選挙法201条の14関係〕

ケース解説 ▶ **氏名表示のあるポスターをパネルに加工して掲示できるか**
ベニヤ板・プラスチック板・ダンボールなどで裏打ちされたポスターの他、枠にはめ込んで掲示するものなども制限の対象となるため、掲示できません。

ケース解説 ▶ **氏名表示のあるポスターを掲示板に掲示できるか**
掲示板の大きさや使用状況などからみて、その掲示板が後援団体のポスターを掲示するための掲示板と認められる場合には、ベニヤ板に裏打ちされたポスターに類するものとみなされるため掲示できません。

▶ **ベニヤ板で裏打ちされた次のようなポスターは、候補者等が政治活動のために使用するものとして規制の対象になるか**

①態様によっては公職の候補者等の政治活動や選挙運動となるおそれがあるため、氏名は記載しないほうがよいでしょう。

②氏名が通常の文字で候補者等以外の弁士とともに記載されている場合などには、掲示することができます。

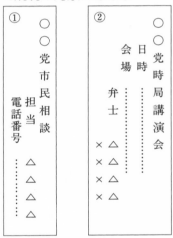

① ○○党 市民相談 担当 電話番号 ………△ △ △ △

② ○○党 時局講演会 日時 会場 弁士 ×△ ×△ ×△ ×△

※△△△△はいずれも公職の候補者等の氏名

▶ **候補者の氏名を表示したポスターを次のように掲示できるか**
公職の候補者等及びその後援団体の事務所のガラス窓に図のように貼ることは、態様によっては選挙運動となるおそれがあります。

ハ マ ノ
後 援 会

▶ **講演会告知用のポスターが選挙運動とみなされる場合**

後援団体が演説会や座談会の開催を告知するためにポスターを使用する際、次のようなものは直接投票依頼の文言がなくても選挙運動とみなされることがあります。

①例えば「××県知事候補予定者○○」「自民党公認××県議会議員○○」などと記載されているもの

②講演会の日時や場所が記載されていないもの（記載があっても単に「6月下旬」「街頭」などと記載されているもの）

③講演会会場の借入契約がないなど、実際には講演会開催の計画がないもの

④掲示を依頼する際に、講演会終了後も撤去せずに掲示しておいてもらいたい旨の発言があるもの

⑤ポスターの掲示枚数が大量であったり、開催予定日から異常に早い時期に掲示したり、会場から異常に離れた場所に掲示するなど、総合的に考えて、そのポスターが講演会の開催告知を口実として特定の候補者等の氏名を普及宣伝するものと認められる場合

党員拡大活動

ポイント ▶ 政党が党員拡大をはかる活動は、選挙運動にわたらない限り、時期にかかわらず認められています。

ただし、党員拡大を口実として選挙区内にある者を戸別に訪問し、投票依頼などを行えば選挙運動となります。

ケース解説 ▶ **戸別訪問による党員拡大活動が選挙運動とみなされる場合**

訪問時に「○○党から参りました、党員になって下さい」などと勧誘することはかまいませんが、選挙期間中及び選挙期日の告示日直前にこのような発言をすれば特定の候補者への依頼を含んでいるとみなされ、選挙運動となることがあります。

また、政党の政策普及の域を超えて「○○さんをどう思いますか」「○○さんはいい人です」などと発言すれば、直接投票の依頼がなくても選挙運動となることがあります。

パンフレットの頒布

ポイント ▶ 公職の候補者等または政党その他の政治団体がパンフレットを販売したり無料配付することは、選挙運動にわたらない限り、時期にかかわらず認められています。

ビラやリーフレットについては、選挙期間中一定の頒布制限があります。(☞**P51**)

ケース解説 ▶ **4枚つづりの冊子はリーフレットか**

ビラやリーフレットとは、一定の宣伝目的をもって作られた、不特定多数の人に頒布する一枚刷り程度のものをいいます。

これに対してパンフレットとは、数枚でつづられている小冊子をいいます。したがって、10枚足らずのものでもリーフレットではなくパンフレットであり、数百枚に及ぶものもパンフレットに該当します。

後援会活動

ポイント ▶ 後援会活動は、平常時は選挙運動にわたらない限り認められています。したがって、公職の候補者等の政治活動を支援するために後援会をつくったり、その後援会への加入を勧めたりすることも、一般的には禁止されません。

ただし、選挙の直前に後援会加入勧誘を行う場合、その態様によっては選挙運動となり、事前運動の禁止に該当することがあります。

ケース解説 ▶ **後援会はシンボルマークを使用できるか**

使用できます。

ただし、後援会の名称や政見を入れたものは、選挙運動となるおそれがあります。

▶ **後援会はバッジを作って頒布できるか**

後援会の会員に頒布することも、一般の人に有償頒布することもできます。

▶ **後援会加入勧誘行為が事前運動とみなされる場合**

後援会への加入勧誘が選挙直前に行われ、しかもその勧誘方法が不特定であったり多数の人を対象としている場合には、選挙運動とみなされ事前運動の禁止に該当します。

過去の実例として、選挙期日の告示3ヵ月前に全国に散在する会員に呼びかけて組織的な後援会加入勧誘を行ったケース、選挙の直前に不特定多数の人に会員募集をしたケースなどがあります。

▶ **後援会の宣伝用自動車に後援会の名称を直接記載してよいか**

一般的には政治活動のための文書図画に該当すると考えられるため、公職の候補者等やその後援会の名称を宣伝用自動車などに記載することはできません。

ケース解説 ▶ **後援会加入勧誘文書などが選挙運動とみなされる場合**

後援会への加入を呼びかける文書や後援会の開催を発表・宣伝する文書については、配る方法や時期が社会通念に照らして妥当なものである限り一般的には選挙運動とはみなされず、禁止されません。

ただし、次のようなものは、直接投票依頼の文言がなくても選挙運動とみなされることがあります。

①候補者等の氏名をことさら大きく書き、その略歴や顔写真を掲げて、「政治家として大成させていただきたい」などの記載がある加入勧誘文書

②後援会の結成準備がまったくない場合の加入勧誘文書

③後援会事務所の住所や連絡先の記載がない加入勧誘文書

④開催日時や場所の記載がない後援会総会等の開催通知書

⑤後援会総会会場の借入契約がないなど、実際には開催計画がない後援会総会等の開催通知書

⑥後援会以外の者に対して配られる後援会総会等の開催通知書

⑦頒布枚数、時期、態様などを総合的に考えて、後援会活動を口実として特定の候補者等の氏名を普及宣伝するものと認められる勧誘加入文書など

機関紙誌

ポイント

罰則▶P96

▶ 機関紙誌とは、政党その他の政治団体がその主義や主張を普及宣伝するために発行する新聞紙または雑誌をいいます。
機関紙誌は、新聞紙または雑誌としての内容・体裁・発行方法を具備していなければならず、これらの点でリーフレットやパンフレットとは区別されます。

▶ 選挙期間中を除き、政党その他の政治団体が発行するすべての機関紙誌は、選挙に関する報道及び評論を自由に掲載することができます。
ただし、次のような制限があります。
①虚偽の事項を記載したり、事実を歪曲して記載するなど、表現の自由を濫用して選挙の公正を害してはならない。
②選挙に関する報道及び評論を掲載した機関紙誌は、通常の方法で頒布するか、都道府県の選挙管理委員会が指定する場所にしか掲示できない。

〔公職選挙法148条関係〕

▶ 機関紙誌の読者勧誘や販売活動は、選挙運動にわたらない限り、時期にかかわらず認められています。
ただし、選挙区内にある者を戸別に訪問して購読依頼をする際などに、投票依頼をしたり、「○○機関紙支局から来ました」などと言わずに「○○後援会の者です」「○○選挙事務所から来ました」などと答えた場合には選挙運動となるおそれがあります。

ケース解説 ▶ **機関紙誌が事前運動の禁止に該当する場合**
例えば、大きな文字で「○○候補に投票せよ」「○○氏を支持する」とだけ記載し、投票を依頼する理由や支持する目的を述べていない場合は、報道や評論が目的ではなく初めから選挙運動のみを目的としていると認められ、選挙期日の告示前にこの機関紙誌を頒布・掲示すれば事前運動の禁止に該当します。

ケース解説 ▶ 「報道」と「評論」の違いはなにか

「報道」とは、選挙に関する客観的事実をありのままに知らせることをいいます。例えば、立候補予定者や政党がどのような政策や公約を発表したか、あるいは誰がどの候補者を支持しているかなどの事実を報告として掲載することです。

一方「評論」とは、政策や公約、その他選挙に関する言動に対して論議したり批判することをいいます。例えば、特定の政策に賛否の意見を述べたり、あるいは特定の候補者や政党を支持・推薦する意見を掲載することです。

▶ **選挙に関する報道・評論の記載がない機関紙誌は配付できるか**

「選挙に関する報道・評論」を掲載しないものについては、その頒布または掲示の方法に制限はないため、定期購読者以外の不特定多数の人に配ることもできます。

寄附の禁止

公職の候補者等の寄附の禁止

ポイント

罰則▶P97

▶ 公職の候補者等は、選挙区内にある者に対して、時期にかかわらず、次の場合を除いて、すべての寄附が禁止されます。

①政党その他の政治団体、またはその支部に対する寄附

ただし、自分の後援団体には、一定期間、寄附をすることが禁止されます。(☞P34)

②公職の候補者等の親族（配偶者、6親等内の血族、3親等内の姻族）に対する寄附

③選挙区内で行う政治教育集会に関する必要最小限度の実費補償（食事についての実費補償を除く）

ただし、任期満了日の90日前または選挙の事由が生じた旨の告示の日の翌日から選挙期日の間に行われる政治教育集会については、実費補償をすることはできません。

また、供応接待（酒食などを振る舞ったり温泉に招待することなど）を伴う政治教育集会についても、実費補償をすることはできません。

〔公職選挙法199条の2関係〕

▶ 中元、歳暮、入学祝、出産祝、花輪、供花、香典、餞別、社会福祉施設に対する寄附なども、すべて禁止されます。

ただし、公職の候補者等本人が出席する結婚披露宴の祝儀や葬儀・通夜の香典（選挙に関するものや通常一般の社交の程度を超えるものを除く）については、その場で相手に渡す場合に限り、罰則の対象とはなりません。

〔公職選挙法179条・199条の2・249条の2関係〕

罰則▶P110 ▶ 公職の候補者等がこれらに違反して寄附をすると、刑罰が科されるとともに、当選が無効になったり、選挙権と被選挙権が一定期間停止されることがあります。被選挙権を失うと、公職の候補者はその身分を失います（立候補が取り消されます）。

〔公職選挙法199条の2・249条の2・252条、地方自治法127条・143条関係〕

ケース解説 ▶ **選挙区内の子供に寄附してもよいか**
選挙権の有無にかかわらず、選挙区内にある者への寄附が禁止されていますので、子供に対しても寄附をしてはいけません。また、選挙区内にある者には、自然人だけではなく、法人や人格なき社団、選挙区内に住所をもたない一時的な滞在者も含まれます。

▶ **「必要最小限度の実費補償」とは、例えばどのようなものか**
政治教育集会の参加者が出席するために要した交通費、宿泊費などの実費ですが、金額は社会通念上やむを得ないと認められる最小限度のものでなければなりません。

▶ **候補者が出席する葬儀で香典がわりに線香を渡してよいか**
葬儀や通夜に候補者本人が出席した際に手渡す香典には罰則はありませんが、この場合の香典とは金銭に限られると解されています。したがって、香典がわりに線香をもっていったり、花輪や供花を出すことは禁止されます。

▶ **候補者の妻が葬儀に出席して候補者の香典を渡してよいか**
公職の候補者等本人が出席する場合に限って罰則を適用しないこととされているのであり、たとえ代理であっても、本人以外の者が香典を渡すことは禁止されます。

▶ **候補者が妻や後援会の名義で選挙人に寄附してもよいか**
公職の候補者等が選挙区内にある者に対してする寄附は、名義に関係なく禁止されるため、妻や後援会などの他人名義であっても寄附をすることはできません。

▶ **候補者が自分の財産を国や地方公共団体に寄附してよいか**
自分の選挙区となる市区町村、その市区町村を包括する都道府県、国に対して寄附をすることはできません。

▶ **候補者が葬儀の際に僧侶にお布施を出すことは寄附になるか**
読経などの役務の提供に対する負担である限り、寄附には該当しません。

公職の候補者等を名義人とする寄附の禁止

ポイント

罰則▶P97

▶ 公職の候補者等以外の者が、選挙区内にある者に対して、公職の候補者等の名義で寄附をすることは、次の場合を除き、いっさい禁止されます。

①公職の候補者等の親族（配偶者、6親等内の血族、3親等内の姻族）に対する寄附

②選挙区内で行う政治教育集会に関する必要最小限度の実費補償（食事についての実費補償を除く）

ただし、任期満了日の90日前または選挙の事由が生じた旨の告示の日の翌日から選挙期日の間に行われる政治教育集会については、実費補償をすることはできません。

また、供応接待を伴う政治教育集会についても、実費補償をすることはできません。

〔公職選挙法199条の2関係〕

寄附の勧誘・要求の禁止

ポイント

罰則▶P98

▶ いかなる者も、公職の候補者等に対して、選挙区内にある者に対する寄附を勧誘したり、要求してはいけません。

公職の候補者等の当選または被選挙権を失わせるために故意に勧誘したり要求すれば、罰則の対象となります。

▶ いかなる者も、公職の候補者等以外の者に対して、公職の候補者等の名義で選挙区内にある者に寄附するように勧誘したり、要求してはいけません（公職の候補者等の親族への寄附や政治教育集会に関する必要最小限度の実費についての勧誘などを除く）。公職の候補者等以外の者を威迫して勧誘したり要求すれば、罰則の対象となります。

〔いずれも公職選挙法199条の2関係〕

公職の候補者等の関係会社等の寄附の禁止

ポイント

罰則▶P98

▶ 公職の候補者等が役職員や構成員である会社・その他の法人・団体は、選挙区内にある者に対して、公職の候補者等の氏名を表示して寄附をしたり、公職の候補者等の氏名が類推されるような方法で寄附をしてはいけません。

ただし、政党その他の政治団体やその支部に対する寄附については禁止されません（なお、政治資金規正法の制限を受けます）。

〔公職選挙法199条の3関係〕

ケース解説

▶ 「氏名が類推されるような方法」とはどのような方法か

例えば、候補者「田中太郎」が「田中商事株式会社」の代表取締役である場合に、社名を表示して寄附をすることなどです。

▶ **候補者が会長である団体が、候補者の氏名を表示した表彰状を選挙区内にある者に授与してもよいか**

表彰状の授与は寄附ではないため、さしつかえありませんが、公職の候補者等の氏名を表示した記念品などを贈ることはできません。また、公職の候補者等の氏名を表示した表彰状と一緒に渡す記念品は、氏名の表示がなくても贈ることはできません。

▶ **選挙に関する寄附でなくても禁止されるか**

選挙に関する寄附か否かに関わらず、公職の候補者等の氏名を表示した寄附は禁止されます。

公職の候補者等の氏名を冠した団体の寄附の禁止

ポイント

罰則▶P99

▶ 公職の候補者等の氏名が表示されていたり、その氏名が類推されるような名称が表示されている会社・その他の法人・団体は、選挙区内にある者に対して、次の場合を除き、選挙に関する寄附をしてはいけません。

①当該公職の候補者等に対する寄附

②政党その他の政治団体やその支部に対する寄附

〔公職選挙法199条の4関係〕

後援団体に関する寄附の禁止

罰則▶P99

ポイント ▶ 後援団体とは、特定の公職の候補者等の政治上の主義や施策を
支持したり、それらの者を推薦・支持することを主な目的とし
ている政治団体をいいますが、慈善団体や文化団体などのよう
に政治活動を主な目的としていない団体でも、その団体の行う
政治活動の中で特定の公職の候補者等を推薦・支持すること
などが主な活動となっている場合には、後援団体とみなされます。

▶ 後援団体は、選挙区内にある者に対して、次の場合を除き、い
っさい寄附をしてはいけません。
①当該公職の候補者等に対する寄附
②政党その他の政治団体やその支部に対する寄附
③後援団体がその団体の設立目的により行う行事や事業に関す
る寄附（ただし、花輪・供花・香典・祝儀などの寄附や、任
期満了日の90日前または選挙の事由が生じた旨の告示の日の
翌日から選挙期日までの間の寄附は禁止されています）

▶ いかなる者も、後援団体が開催する集会や後援団体が行う見
学・旅行・その他の行事で、任期満了日の90日前または選挙の
事由が生じた旨の告示の日の翌日から選挙期日までの間に限り、
当該選挙区内にある者に対して、金銭や物品を供与したり、供
応接待（通常用いられる程度の食事の提供を除く）をしてはい
けません。

▶ 公職の候補者等は、任期満了日の90日前または選挙の事由が生
じた旨の告示の日の翌日から選挙期日までの間は、自分の後援
団体（資金管理団体であるものを除く）に対して寄附をしては
いけません。

〔いずれも公職選挙法199条の5関係〕

ケース解説 ▶ 「設立目的により行う行事や事業」とはどのようなものか
その団体の約款等で定められている設立目的の範囲内で行う総
会やその他の集会、見学・旅行・その他の行事、印刷や出版な
どの事業をいいます。

選挙時の政治活動

選挙ごとの規制

選挙ごとの規制

ポイント ▶ 公職の候補者等が個人として行う政治活動は、選挙運動にわたらない限り、選挙期間中でも原則として自由にできます。

政治活動を行う団体は、選挙のない平時には選挙運動にわたらない限り原則として自由に政治活動ができますが、選挙の種類によっては、選挙の告示日から選挙期日までの間は特定の政治活動が規制されます。

規制を受ける選挙と受けない選挙の区分は、次のとおりです。

選挙の種類	規制を受けるもの
都道府県の知事選挙	○
都道府県議会の議員選挙	○
指定都市の市長選挙	○
指定都市議会の議員選挙	○
特別区の区長選挙	○
特別区議会の議員選挙	×
指定都市以外の市長選挙	○
指定都市以外の市議会の議員選挙	×
町村長選挙	×
町村議会の議員選挙	×

※○印は規制を受ける選挙、×印は規制を受けない選挙

〔公職選挙法201条の8、201条の9、266条関係〕

規制を受けない選挙

ポイント ▶ 町村長選挙、指定都市以外の市・特別区・町村の議会の議員選挙では、政党その他の政治団体は、選挙運動にわたらない限り、選挙期間中でも原則として自由に政治活動を行うことができます。ただし、選挙期間中は、次の行為は禁止されます。

①連呼行為

②政治活動用のポスターやビラなどの文書図画（新聞、雑誌、インターネット等を除く）に、特定の候補者の氏名（氏名が類推されるものを含む）を記載すること

③国や地方公共団体が所有・管理する建物（職員住宅・公営住宅を除く）で、政治活動用の文書図画（新聞・雑誌を除く）を頒布（郵便等または新聞折込みによる頒布を除く）すること

〔公職選挙法201条の13関係〕

▶ 政党その他の政治団体が発行する機関紙誌のうち、選挙期間中に町村長選挙や指定都市以外の市・特別区・町村の議会の議員選挙についての報道・評論を選挙期間中に掲載できるものは、次の条件をすべて満たす機関紙誌に限られます。

①新聞（点字新聞を除く）では毎月3回以上、雑誌では毎月1回以上、定期的に有償で発行しているもの

②第3種郵便物の承認のあるもの

③選挙期日の告示日の1年前（時事に関する事項を掲載する日刊新聞紙においては6ヵ月前）からすでに発行しているもの

〔公職選挙法148条関係〕

ケース解説 ▶ **「時事に関する事項を掲載する日刊新聞」とはどんな新聞か**

一般の人に対して、政治・経済・文化・社会などに関する日々の事象を報道する日刊の新聞紙をいいます。

特定分野の業者のためにその分野の市況を報道する業界新聞などは、これに該当しません。

規制を受ける選挙

ポイント ▶ 都道府県知事選挙、市長選挙、特別区長選挙、都道府県や指定都市の議会の議員選挙の場合、政治活動を行う団体は、選挙の告示日から選挙期日までの間は、以下の政治活動が禁止されます。ただし、確認団体のみ、投票日当日以外は一定の制限の下にこれらの政治活動を行うことができます。

政談演説会の開催	△（確認団体のみ可）
街頭政談演説の開催	△（確認団体のみ可）
政治活動用自動車の使用	△（確認団体のみ可）
拡声機の使用	△（確認団体のみ可）
ポスターの掲示	△（確認団体のみ可）
立札・看板などの掲示＊1	△（確認団体のみ可）
ビラなどの配布	△（確認団体のみ可）
機関紙誌の発行	△（確認団体のみ可）
連呼行為	×（例外を除き禁止）
公共の建物での文書図画の配布	×（例外を除き禁止）
特定の候補者の氏名記載＊2	×（いっさい禁止）

＊1政党その他の政治団体の本部・支部に掲示するものを除く
＊2新聞紙、雑誌、インターネット等への掲載を除く

※それぞれの規制の内容についてはＰ41以降をご覧ください

ポイント ▶ 政党その他の政治団体が確認団体となるには、選挙の種類に応
じ、次の条件を満たさなければなりません。
①都道府県知事選挙、市長選挙、特別区長選挙の場合
・所属候補者（立候補届出の際、特定の政党その他の政治団体
　に所属している旨を届け出た候補者）がいること
・または、無所属の候補者を推薦・支持していること
②都道府県議会の議員選挙、指定都市の市議会議員選挙の場合
・選挙の行われる区域を通じて３人以上の所属候補者がいること

〔公職選挙法２０１条の８・２０１条の９関係〕

▶ 確認団体となるには、選挙管理委員会に申請して、確認書の交
付を受けなければなりません。無所属の候補者を推薦・支持す
る政党その他の政治団体に限り、無所属候補者本人の同意書を
添付して選挙管理委員会の確認を受ける必要があります。

〔公職選挙法２０１条の９関係〕

▶ 確認団体の所属候補者は、他の確認団体に所属することはでき
ません。また、確認団体から推薦・支持を受けた無所属候補者
は、他の確認団体から推薦・支持を受けることはできません。

〔公職選挙法２０１条の９関係〕

ケース解説 ▶ **確認団体の下部組織は規制を受ける政治活動を行ってよいか**
事実上の下部組織であれば、確認団体の下部組織であることを
表す名称（例えば○○党××県支部）で、規制を受ける政治活
動を行うことができます。

▶ **映画の幕間を利用した政党ＰＲは規制を受けるか**
新聞、ラジオ、テレビなどのマスメディアを通じて政策を普及
宣伝することは、純粋に政治活動として行う限り違反とはなり
ません。したがって、映画の幕間を利用して政党ＰＲをスライ
ド上映してもかまいません。

ケース解説 ▶ **選挙期間中に入党勧誘してもよいか**

特定の候補者への投票依頼を行わないなど、純粋な入党勧誘行為であれば選挙運動とはならないため、行うことができます。

ただし、これを候補者や選挙運動員が行った場合には、選挙運動となるおそれがあります。

▶ **選挙期間中のアンケート調査は規制を受けるか**

例えば「○○県公害反対実行委員会」という団体が県知事選挙の全候補者に対してアンケートを行い、選挙期間中にその結果を印刷物として会員に配付する場合などには、アンケート結果を公表しても、一般的には直ちに問題とはなりません。

ただし、特定の候補者の利害に関する事項を公表すれば、選挙運動となる場合があり、その場合は、罰則をもって禁止されます。

▶ **選挙期間中に会社推薦の候補者名を社内報で通知してもよいか**

会社などで社長や役員が推薦を決定した候補者名を、社内の掲示板に掲載したり社内報で社内に通知することは、従来より掲示板や社内報で連絡事項などを通知している場合などは、一般的には直ちに問題とはなりません。

ただし、この社内報を外部の者に配ったりすれば選挙運動となるおそれがあります。

▶ **選挙期間中に党本部から支部へ選挙対策の指令を文書で行ってもよいか**

従来より本部から支部へ指令その他を通知することを通例としている場合には、たとえ選挙対策などの選挙に関する指令であっても、通例の方法で下部組織に通知する限りは一般的には内部行為と認められるため、これを行うことができます。

ただし、個々に文書を頒布するなど、通例とは異なる方法で行えば選挙運動とみなされることがあります。

規制を受ける政治活動

政談演説会

ポイント

罰則▶P94

▶ 政談演説会とは、政治活動を行う団体が政策の普及や宣伝のために、不特定多数の者を集めて行う演説会をいいます。定期大会や支部発会式のように、外部に対する政策の普及宣伝を目的としないものは、一般的には政談演説会ではありません。

▶ 確認団体が開催できる政談演説会の回数は、選挙の種類に応じ、次のように制限されます。
  ①都道府県知事選挙の場合は、衆議院選挙の小選挙区ごとに1回（例：小選挙区数が6区ある京都府では6回）
  ②市長選挙と特別区長選挙の場合は、2回
  ③都道府県や指定都市の議会議員選挙の場合は、所属候補者の数の4倍（例：ある政治団体から3人が議員選挙に立候補しているとき、その政治団体が開催できる回数は12回まで）

〔公職選挙法201条の8、201条の9関係〕

▶ 政談演説会を開催しようとする確認団体は、選挙管理委員会にあらかじめ届け出なければなりません。

▶ 確認団体が開催する政談演説会では、政策の普及や宣伝のほか、候補者の推薦・支持など選挙運動のための演説をしたり、候補者自らが選挙運動のための演説をすることもできます。

〔いずれも公職選挙法201条の11関係〕

▶ 他の選挙が重複して行われている場合には、他の選挙の投票日当日に限り、投票所を閉じる時刻までの間は、投票所を設けた場所の入口から300m以内の区域で政談演説会を開催することはできません。

〔公職選挙法201条の12関係〕

▶ 政談演説会の会場では、政治活動のための連呼行為をすることができますが、選挙運動のための連呼行為は禁止されます。

〔公職選挙法201条の13関係〕

▶ 政談演説会の会場内に掲示できるポスターは、次の条件をすべて満たすものに限られます。
①大きさが、85cm×60cm以内であること
②選挙管理委員会が交付する証紙・検印があること
③確認団体の名称のほか、掲示責任者や印刷者の氏名・住所（法人の場合は法人名・所在地）が記載されていること
④特定の候補者の氏名（氏名類推事項を含む）が記載されていないこと

〔公職選挙法201条の11関係〕

▶ 特定の候補者の氏名（氏名類推事項を含む）を記載したものでなければ、横断幕、懸すい幕、立札・看板の類、ちょうちん、のぼり、旗などの掲示には制限がなく、これらは会場内で自由に掲示することができます。

〔公職選挙法201条の8、201条の9関係〕

▶ テレビ、ラジオ、新聞、パンフレットなどで政談演説会の開催を告知することは自由にできますが、ポスターやビラなどで告知する場合には、次のような制限があります。
①ポスターについては、枚数や掲示場所の制限など（☞P48）
②ビラについては、配付方法の制限など（☞P51）
③立札・看板の類については、個数の制限など（☞P50）

ケース解説 ▶ **政談演説会の会場内で確認団体のバッジを着けてもよいか**
会場の内外にかかわらず、身体に着けるバッジやワッペンなどは、選挙運動にわたらない限り、自由に着用することができます。ただし、特定の候補者の氏名（氏名類推事項を含む）が記載されているものは、着用すると選挙運動となるおそれがあります。

ケース解説 ▶ **新聞社が各党の代表を招いて行う時局討論会は政談演説会か**
時局討論会の主催者と討論者との間に特別な関係がなく、純粋
に第三者が主催する場合には、政談演説会ではありません。

▶ **大衆を集めて行われる政党支部の発会式は政談演説会か**
政党支部の発会式、青年会議所等が候補者を講師に招いて行う
会合、労働組合の総会など、団体の構成員だけが参加するもの
はあくまで団体内部の会合にすぎず、そこで政談が行われても
政談演説会には該当しません。
ただし、名目上は発会式などであっても、参加者が一般党員だ
けではなく、大衆を集めたりポスターなどで部外者にその開催
を告知する場合は、政談演説会に該当します。

▶ **異なる2つの確認団体が政談演説会を共同開催できるか**
できます。この場合、政談演説会の回数制限については、それ
ぞれの確認団体ごとに1回として計算されます。

▶ **政談演説会を屋外で開催できるか**
できます。ただし、一般の交通から遮断された独立した場所で
なければなりません。

▶ **政談演説会と個人演説会を同時に開催できるか**
個人演説会とは、公職の候補者等が選挙運動のために開催する
演説会をいいますが、政談演説会と個人演説会は同時に開催で
きません。

街頭政談演説

ポイント

罰則▶P94

▶ 街頭政談演説とは、政治活動を行う団体が、街頭や公園などで政策の普及や宣伝のために行う演説をいいます。

▶ 街頭政談演説は、停止した自動車及びその周囲で行わなければなりません。
ただし、その場合でも、開催の予告をし、ある程度一般の交通から遮断された場所で多数の聴衆を集めて行うものは、政談演説会としての規制を受けます。

〔公職選挙法201条の8、201条の9関係〕

▶ 街頭政談演説は、午前8時から午後8時までの間に限り、開催することができます。

〔公職選挙法201条の12関係〕

▶ 街頭政談演説を行うときは、同じ場所に長時間とどまらないように努めなければなりません。また、学校、病院、診療所、その他の療養施設などの周辺で街頭政談演説を行うときは、授業や診療を妨げないために、静穏の保持に努めなければなりません。なお、他の選挙が重複して行われている場合には、他の選挙の投票日当日に限り、投票所を閉じる時刻までの間は、投票所を設けた場所の入口から300m以内の区域で街頭政談演説を行うことはできません。

〔公職選挙法201条の12関係〕

▶ 街頭政談演説では、政策の普及や宣伝のほか、候補者の推薦・支持など選挙運動のための演説をしたり、候補者自らが選挙運動のための演説をすることもできます。

〔公職選挙法201条の11関係〕

ポイント ▶ 街頭政談演説の場所では、政治活動のための連呼行為をすることはできますが、選挙運動のための連呼行為は禁止されます。

〔公職選挙法201条の13関係〕

ケース解説 ▶ **街頭政談演説の開催回数に制限はあるか**
ありません。

▶ **選挙運動のための連呼行為とみなされる場合**
特定の候補者への投票を直接呼びかけなくても、例えば、政治活動用自動車から「○○党から××候補が立候補しました。○○党におねがいします」と連呼すれば、政党の政策普及宣伝の限界を超えており、特定の候補者のための選挙運動とみなされます。

政治活動用自動車

ポイント

罰則▶P94・
95

▶ 政治活動用自動車とは、政治活動を行う団体が、政策の普及や宣伝（政党その他の政治団体が発行する新聞、雑誌、書籍、パンフレットの普及宣伝を含む）及び演説の告知のために使用する自動車をいいます。

▶ 確認団体が使用できる政治活動用自動車の台数は、選挙の種類に応じ、次のように制限されます。
①都道府県知事選挙、市長選挙、特別区長選挙の場合は1台
②都道府県や指定都市の議会議員選挙の場合は1台で、所属候補者の数が4人以上の確認団体は5人増えるごとに1台追加（例：所属候補者数が8〜12人の確認団体は2台、13〜17人の確認団体は3台）

〔公職選挙法201条の8、201条の9関係〕

▶ 政治活動用自動車には、確認書と共に交付される政治活動用自動車であることを証する表示板を、冷却器の前面など外部から見えやすい箇所に使用中常に掲示しておかなければなりません。

〔公職選挙法201条の11関係〕

▶ 政治活動用自動車には、特定の候補者の氏名（氏名類推事項を含む）を記載したものでなければ、政党名や政策などを記載した立札・看板を取り付けたり、政党名や機関紙誌の名称などを直接車体に書き入れることもできます。

〔公職選挙法201条の13関係〕

ケース解説 ▶ **政治活動用自動車としてバスを使用してもよいか**
選挙運動用自動車には種類制限や乗車制限がありますが、政治活動用自動車にこれらの制限はありません。したがって、大型トラック、バス、宣伝カーなどを使用することもできます。

ケース解説 ▶ **異なる２つの確認団体が政治活動用自動車を共同使用できるか**
できます。この場合、政治活動用自動車の台数制限については、それぞれの確認団体ごとに１台として計算されます。また、それぞれの確認団体が交付された表示板を取り付けなければなりません。

▶ **事務連絡用の自動車にも使用台数の制限はあるか**
事務連絡用の自動車など、一般の選挙人に対して政策を普及宣伝するために使用しないものは政治活動用自動車には該当しないため、台数制限はありません。

拡声機

ポイント ▶ 確認団体は、政策の普及や宣伝（政党その他の政治団体が発行する新聞、雑誌、書籍、パンフレットの普及宣伝を含む）及び演説の告知のために、次の場所で使用する場合に限り、拡声機を使用することができます。

罰則▶P94

①政談演説会の会場
②街頭政談演説の場所
③政治活動用自動車の車上

〔公職選挙法201条の8、201条の9関係〕

ケース解説 ▶ **無線マイクは拡声機に該当するか**
無線マイク、携帯用電気メガホン、テープレコーダーなど、肉声以上の音響を発する性能のあるものは拡声機に該当します。

ポスター

ポイント

罰則▶P94・95

▶ 確認団体が掲示できるポスターは、85cm×60cm以内のものに限られます。また、掲示できる枚数は、選挙の種類に応じ、次のように異なります。
　①都道府県知事選挙の場合は、衆議院選挙の小選挙区ごとに500枚以内（例：小選挙区が6区ある京都府では3,000枚以内）
　②市長選挙と特別区長選挙の場合は、1,000枚以内
　③都道府県や指定都市の議会議員選挙の場合は、1選挙区ごとに100枚以内で、選挙区内の所属候補者の数が1人を超える確認団体は1人増えるごとに50枚追加（例：所属候補者数が5人の確認団体は、100＋50×4＝300枚以内）

〔公職選挙法201条の8、201条の9関係〕

▶ ポスターには、選挙管理委員会が交付する証紙を貼るか、または検印を受けなければなりません。また、ポスターの表面には、確認団体の名称のほか、掲示責任者及び印刷者の氏名・住所を記載しなければなりません。

〔公職選挙法201条の11関係〕

▶ ポスターを掲示する際には、次のような制限があります。
　①国や地方公共団体が管理・所有する場所には掲示できない（ただし、橋りょう、電柱、公営住宅、地方公共団体の管理する食堂や浴場に限り、承諾があれば掲載できる）
　②他人が管理・所有する物件に掲示するときは、まずその居住者に、空屋などで居住者がいない場合にはその管理者に、管理者がいない場合にはその所有者に、承諾を得なければならない
　③無断でポスターを掲示した場合には、居住者・管理者・所有者は自由にポスターを撤去することができる

〔公職選挙法201条の11関係〕

ポイント ▶ ポスターには、政策などのほか、確認団体の所属候補者や推薦・支持する無所属候補者の選挙運動にわたる内容（例えば、あなたの1票を○○党に、など）を記載することもできます。ただし、特定の候補者の氏名（氏名類推事項を含む）を記載することはできません。

〔公職選挙法201条の8、201条の9、201条の13関係〕

ケース解説 ▶ **ポスターを掲示した後にそれを修正して使用できるか**
掲示されたポスターに対し、検印や証紙をそのままにして微修正を加えることはできますが、修正前と比べて修正後のポスターが新たなポスターと認められるほどの修正はできません。

▶ **一度検印を受けたポスターでも再検印を受けられるか**
一度検印を受けたポスターは、いったん掲示されたら、いかなる理由があっても再検印を受けられません。
ただし、未使用のものであれば、そのポスターと引き換えに再検印を受けることができます。この場合、再検印を受けるポスターは、未使用のポスターと内容が異なっていてもかまいません。なお、一度交付された証紙は再交付されません。

▶ **ポスターを両面使用した場合は何枚と計算されるか**
2枚と計算されます。

▶ **次のようなポスターは使用できるか**
「清」「明」の字が他の文字より特に大きく、あるいは異なる色刷りで記載されている場合などには、氏名が類推されるため使用できません。

清・い一票
明・るい政治
政党名
提示責任者
印刷者

※候補者が大山清明の場合

立札・看板の類

ポイント

罰則▶P94・
95

▶ 確認団体は、本部及び支部の事務所で立札・看板の類を掲示できるほか、次の場合にもこれらを掲示できます。
①政談演説会の告知用として街頭などに掲示する
②政談演説会の会場内に掲示する
③政治活動用自動車に取り付けて使用する

〔公職選挙法201条の8、201条の9関係〕

▶ 立札・看板の類を政談演説会の告知用として使用する場合は、1つの政談演説会ごとに5個以内に限られます。
ただし、政談演説会の会場内で使用する場合は、個数制限はありません。

▶ 政談演説会告知用の立札・看板の類には、選挙管理委員会が定める表示をしなければなりません。また、その表面には、掲示責任者の氏名・住所を記載しなければなりません。

〔公職選挙法201条の11関係〕

▶ 立札・看板の類には、確認団体の所属候補者や推薦・支持する無所属候補者の選挙運動にわたる内容を記載することはできません。政策の普及宣伝に関する内容に限られます。

〔公職選挙法201条の8、201条の9関係〕

▶ 立札・看板の類を掲示する際には、次のような制限があります。
①国や地方公共団体が管理・所有する場所には掲示できない
（ただし、橋りょう、電柱、公営住宅、地方公共団体の管理する食堂や浴場に限り、承諾があれば掲載できる）
②他人が管理・所有する物件に掲示するときは、まずその居住者に、空屋などで居住者がいない場合にはその管理者に、管理者がいない場合にはその所有者に、承諾を得なければならない
③無断で立札・看板の類を掲示した場合には、居住者・管理者・所有者は自由に撤去することができる
また、政談演説会告知用の立札・看板の類は、政談演説会が終了したらすぐに撤去しなければならない。

　　　　　　　　　　　　　　　　　　〔公職選挙法201条の11関係〕

ビラ

罰則▶P94・95

ポイント

▶ ビラは、政談演説会で配布したり、街頭で通行人に直接手渡したり、郵便や新聞折込みなどの方法で配ることができます。
ただし、多数の通行人に向かってばらまいたり、小型飛行機などから住宅団地などに向かって散布したりしてはいけません。

〔公職選挙法201条の8、201条の9、201条の13関係〕

▶ 確認団体が頒布することができるビラは、2種類以内に限られます。ビラを使用するときは、あらかじめ選挙管理委員会に届け出て、ビラの表面に確認団体の名称、選挙の種類、政治活動用ビラであることを表示する記号を記載しなければなりません。

〔公職選挙法201条の8、201条の9、201条の11関係〕

▶ ビラには、政策などのほか、確認団体の所属候補者や推薦・支持する無所属候補者の選挙運動にわたる内容を記載することもできます。
ただし、特定の候補者の氏名（氏名類推事項を含む）を記載することはできません。

〔公職選挙法201条の8、201条の9、201条の13関係〕

ケース解説

▶ **シンボルマークだけを印刷したチラシも届出が必要か**
確認団体を表象する図案（いわゆるシンボルマーク）だけが印刷されているものもビラに該当するため、使用するときは選挙管理委員会に届け出る必要があります。

▶ **届出済のビラを選挙人宅に戸別に配付してもよいか**
ビラの散布ではなく、頒布と認められるのでかまいません。
ただし、特定の候補者への投票依頼などを行えば選挙運動となり、罰則をもって禁止されます。

▶ **ビラに枚数制限や規格制限はあるか**
枚数制限も、規格制限もありません。

機関紙誌

ポイント

罰則▶P94

▶ 都道府県知事選挙、市長選挙、特別区長選挙、都道府県議会・指定都市議会の議員選挙についての報道・評論を、選挙期間中に掲載できる機関紙誌（新聞紙や雑誌）は、確認団体の本部が発行する機関新聞紙1紙・機関雑誌1誌に限られます。

▶ これらの機関紙誌に選挙に関する報道・評論を掲載するときは、掲載する機関紙誌を、選挙のつど、各選挙ごとに、あらかじめ選挙管理委員会に届け出なければなりません。
したがって、前回の選挙で届け出たからといって、今回の選挙で無届で報道・評論することはできません。また、例えば、知事選挙と市長選挙が重複して行われるとき、両方の選挙について報道・評論しようとする場合には、県と市の両方の選挙管理委員会に届け出なければなりません。

〔いずれも公職選挙法201条の15関係〕

▶ 届出の際には、機関紙誌の名称、編集人・発行人の氏名、創刊年月日、発行期間、発行方法を記載しなければなりません。

〔公職選挙法施行令129条の7関係〕

▶ 定期的に刊行している新聞紙や雑誌でなくても届出はできますが、発行期間（創刊から届出日までの期間）が6ヵ月未満の機関新聞紙については、政談演説会の会場でしか頒布できません（機関雑誌については、政談演説会での頒布実績がない場合は頒布できません）。
発行期間が6ヵ月以上の機関紙誌については、通常の方法である限り、自由に頒布することができます。

〔公職選挙法201条の15関係〕

ポイント ▶ 機関紙誌の号外、臨時号、増刊号、その他の臨時に発行するものには、選挙に関する報道・評論を記載して頒布することはできません。

また、選挙に関する報道・評論を記載しなくても、特定の候補者の氏名（氏名類推事項を含む）が記載されているときは、当該選挙区内では頒布できません。

〔公職選挙法201条の15関係〕

ケース解説 ▶ **「通常の方法」ではない方法とはどのようなものか**

例えば、通常は団体や組合などの内部のみに頒布されているものを外部の人に頒布したり、通常は有償で頒布しているものを無償で頒布することなどです。

▶ **機関紙誌の購入者が知人に再頒布してもよいか**

機関紙誌の購入者である個人や団体が、発行元である確認団体の頒布業務を担当しており、その確認団体の了解の下で従来より知人や団体の構成員に再頒布している場合などには、再頒布してもかまいません。

ただし、従来そのような方法を行っていない場合には「通常の方法」ではないため、再頒布できません。また、一般購入者が発行元である確認団体の了解もなく知人などに頒布すると、頒布の態様によっては選挙運動となり禁止されます。

▶ **他の確認団体が開催する政談演説会で機関紙誌を頒布できるか**

頒布できません。

▶ **確認団体以外の機関紙誌が選挙期間中にできる報道・評論**

確認団体以外の機関紙誌が選挙期間中に報道・評論を禁止されるのは、当該選挙に関して当該選挙区内で報道・評論を行う場合に限られます。

したがって、当該選挙に関する報道・評論であっても選挙区以外で行われるもの、広く選挙について報道・評論するものなどは認められます。

連呼行為

ポイント

罰則▶P94

▶ 政治活動のための連呼行為は、選挙期間中は禁止されます。
ただし、確認団体が政治活動のために行う連呼行為は、次の場合に限り、例外として認められています。
①政談演説会の開催中に会場内で行う連呼行為
②午前8時から午後8時までの間、街頭政談演説の場所や政治活動用自動車の車上で行う連呼行為

〔公職選挙法201条の13関係〕

▶ 他の選挙が重複して行われている場合には、他の選挙の投票日当日に限り、投票所を閉じる時刻までの間は、投票所を設けた場所の入口から300m以内の区域で連呼行為をすることはできません。

〔公職選挙法201条の12関係〕

▶ 学校、病院、診療所、その他の療養施設などの周辺で連呼行為を行うときは、授業や診療を妨げないために、静穏の保持に努めなければなりません。

〔公職選挙法201条の13関係〕

ケース解説 ▶ **確認団体は選挙運動のための連呼行為をしてもよいか**
確認団体に認められているのは、政策の普及・宣伝や、政談演説会・街頭政談演説の告知など、政治活動のための連呼行為に限られるのであって、投票依頼など選挙運動のための連呼行為はいっさい禁止されています。

▶ **政談演説会で司会者が候補者を弁士として紹介するために、候補者の氏名を連呼してよいか**
候補者を弁士として紹介する限りにおいては、一般的には選挙運動のための連呼行為に該当しないため、直ちに禁止されません。ただし、「次の弁士はわが党から立候補している○○です。ぜひ1票を」などと投票依頼の連呼をすれば、選挙運動のための連呼行為に該当し、禁止されます。

公共の建物への文書図画の頒布

ポイント ▶ 政治活動を行う団体は、確認団体であるか否かにかかわらず、
選挙期間中は、国や地方公共団体が所有・管理する建物（職員
罰則▶P94 住宅・公営住宅を除く）で、政治活動用の文書図画（新聞・雑
誌を除く）を頒布（郵便等または新聞折込みによる頒布を除く）
してはいけません。
ただし、確認団体が国や地方公共団体の所有・管理する建物で
政談演説会を開催する場合に限り、政治活動用の文書図画を頒
布することができます。

〔公職選挙法201条の13関係〕

特定候補者の氏名の記載

ポイント ▶ 政治活動を行う団体は、確認団体であるか否かにかかわらず、
選挙期間中は、政治活動用の文書図画（新聞、雑誌、インター
罰則▶P94 ネット等を除く）に特定の候補者の氏名（氏名類推事項を含む）
を記載してはいけません。

〔公職選挙法201条の13関係〕

ケース解説 ▶ **候補者が政治活動用ポスターの掲示責任者の場合はどうなるか**
候補者が政治活動用ポスターの掲示責任者であっても、そのポ
スターに候補者の氏名を記載することはできません。
したがって、政治活動用ポスターには掲示責任者の氏名と住所
を記載しなければならないため、候補者は掲示責任者になれな
いことになります。

選挙が重複するときの規制

ポイント ▶ 政治活動が規制される選挙が重複して行われる場合は、1つの政党その他の政治団体は、それぞれの選挙ごとに確認団体となって、それぞれの規制に従って政治活動を行うことができます。例えば都道府県知事選挙と市長選挙が選挙期間及び選挙区域とも重複して行われる場合は、1つの政党その他の政治団体はそれぞれの選挙の確認団体となることができ、政談演説会や政治活動用自動車の使用は、それぞれの選挙について定められた回数（台数）の合計だけ開催（使用）することができます。

〔公職選挙法201条の10関係〕

▶ 政治活動が規制される選挙と規制されない選挙が重複して行われる場合は、規制されない選挙においても、重複する選挙期間中に重複する選挙区域で行う政治活動は規制されます。
例えば都道府県知事選挙と町村議会の議員選挙が選挙期間及び選挙区域とも重複して行われる場合は、町村議会の議員選挙においても、確認団体でなければ、政談演説会を開催したり政治活動用自動車などを使用することができません。

ケース解説 ▶ **知事選と町議選の同時選挙における政談演説会での注意点**
この場合、知事選の確認団体だけが政談演説会を開催できますが、その席上で町議選に立候補している当該確認団体の所属候補者の選挙運動のための演説をすることはできません。
ただし、その席上で、町議選に立候補している当該確認団体の所属候補者が、知事選に立候補している所属候補者の選挙運動のために演説することはできます。

IV

政治資金の主な規正

政治団体の届出

政治団体とは

ポイント ▶ 政治資金規正法において「政治団体」とは、次のような団体を
いいます。

①政治上の主義や施策を推進したり、支持したり、またはこれ
に反対することを本来の目的とする団体

②特定の公職の候補者を推薦したり、支持したり、またはこれ
に反対することを本来の目的とする団体

③これら以外で、次のような活動を主たる活動として組織的か
つ継続的に行う団体

・政治上の主義や施策を推進したり、支持したり、またはこれ
に反対すること

・特定の公職の候補者を推薦したり、支持したり、またはこれ
に反対すること

④政策研究団体（政治上の主義や施策を研究する目的を有する
団体で、国会議員が主宰するものまたはその主要な構成員が
国会議員であるもの）

⑤政治資金団体（政党のために資金上の援助をする目的を有す
る団体で、政党が総務大臣に届け出たもの）

〔政治資金規正法3条、5条関係〕

ケース解説 ▶ **文化団体などが政治団体に該当する場合**

文化団体、経済団体、労働団体などのように、外見上は政治目
的以外の目的を掲げている団体であっても、事実上は政治活動
を主たる活動として組織的かつ継続的に行っていれば、政治団
体に該当します。

普段は文化活動などを行っており、選挙の時だけ特定の候補者
を支持するような団体は、これに該当しません。

政党とは

ポイント ▶ 政治資金規正法において「政党」とは、次のいずれかの要件を満たす政治団体をいいます。

①国会議員が5人以上所属していること

②次のいずれかの選挙における得票率が全国を通じて2％以上であること

・前回の衆議院総選挙における小選挙区選挙

・前回の衆議院総選挙における比例代表選挙

・前回あるいは前々回の参議院通常選挙における選挙区選挙

・前回あるいは前々回の参議院通常選挙における比例代表選挙

〔政治資金規正法3条関係〕

政治団体の設立

ポイント ▶ 政治団体は、その組織の日または政治団体となった日から7日以内に、文書を持参して設立届を提出しなくてはなりません。提出先はその政治団体の活動区域に応じて異なりますが、いずれも活動の中心となる事務所がある都道府県の選挙管理委員会が窓口となります。設立届の提出先は次のように分かれています。また、政治団体が支部を設立する場合には、支部ごと届け出なければなりません。

活動の中心となる事務所の所在地	主な活動区域	届出先
A県内	A県内	A県選挙管理委員会
	A県を含む2以上の都道府県	A県選挙管理委員会を経て総務大臣＊
	A県外	

＊ 政党本部と政治資金団体の届出先は、主な活動区域にかかわらず、A県選挙管理委員会を経て総務大臣となります。

〔政治資金規正法6条、18条関係〕

▶ 政治団体は、設立の届出がなされた後でなければ、その政治活動のために寄附を受けたり、支出をすることができません。
政治団体への寄附や政治団体の支出は、一般的には政治活動のためのものと考えられるため、実質的には届出前に政治活動ができないことになります。

〔政治資金規正法8条関係〕

政治資金団体の指定

ポイント ▶ 政治資金団体とは、政党のための資金上の援助をする目的を有する団体で、政党が1団体に限り指定できます。政党がこの指定をしたときは、直ちにその旨を総務大臣に届け出なければなりません。

〔政治資金規正法6条の2関係〕

▶ 指定を受けた団体が政治団体でない場合には、政党が指定届を提出した日から7日以内に政治団体の設立届をしなければなりません。届け出た団体は政治団体とみなされます。

〔政治資金規正法5条、6条の2関係〕

資金管理団体の指定

ポイント ▶ 資金管理団体とは、公職の候補者のために政治資金の拠出を受け、公職の候補者の政治資金を取り扱う団体です。
公職の候補者は、自分が代表者である政治団体から1団体に限り指定できます。公職の候補者がこの指定をしたときは、指定した日から7日以内に、総務大臣または都道府県の選挙管理委員会にその旨を届け出なければなりません。提出先は、指定を受けた政治団体の活動区域に応じて異なります。（政治団体の設立届と同じです。(☞P59)）
ただし、次の政治団体を資金管理団体として指定することはできません。
①政治活動を本来の目的としていない団体

②国会議員らが政治上の施策を研究する目的でつくったいわゆる政策研究団体（政策集団など）及び政治資金団体
③自分以外の公職の候補者を推薦・支持することを本来の目的とする団体

〔政治資金規正法19条関係〕

ポイント ▶ 資金管理団体の指定は、政治団体が支部をもっている場合には、その政治団体の本部または支部のうちのいずれか1つに限られます。
政治団体の支部を資金管理団体に指定した場合は、その本部及び他の支部には資金管理団体の指定の効果は及びません。同様に、本部を資金管理団体に指定した場合は、その支部には資金管理団体の指定の効果は及びません。

〔政治資金規正法19条の6関係〕

▶ 政治団体の代表者は、会計責任者を選任し監督することについて、相当の注意を怠ってはなりません。資金管理団体は公職の候補者が代表者であるので、公職の候補者がその責任を負います。なお、「相当の注意」とは、社会通念に照らして客観的に何人もなすべき程度の注意と解されています。

〔政治資金規正法25条関係〕

国会議員関係政治団体の届出

ポイント ▶ 国会議員・候補者（候補者になろうとする者を含む）が関係する政治団体は、「国会議員関係政治団体」と定義されます。
国会議員関係政治団体とは、以下の政治団体（政党、政治資金団体及びいわゆる政策研究団体は除く）をいいます。
①国会議員・候補者が代表者である資金管理団体その他の政治団体（1号団体）
②課税上の優遇措置の適用を受ける政治団体のうち、国会議員・候補者を推薦し、または支持することを本来の目的とする政治団体（2号団体）＊

③政党支部であって、国会議員にかかわる選挙区の区域または
　選挙の行われる区域を単位として設けられるもののうち、国
　会議員・候補者が代表者であるものは、１号団体とみなされ
　ます（みなし１号団体）。

▶ 国会議員関係政治団体を設立した場合は設立届を、既存の政治
　団体が国会議員関係政治団体に該当した場合は異動届を総務大
　臣または都道府県の選挙管理委員会へ提出することが必要にな
　ります。提出先は、政治団体の活動区域に応じて異なります。
　（政治団体の設立届と同じです。(☞ Ｐ５９))

＊ ２号団体に該当する政治団体があるときは、国会議員・候補
　者は、あらかじめ、国会議員関係政治団体に該当するため設
　立届または異動届を提出する必要がある旨を当該政治団体に
　通知することが必要です。

〔政治資金規正法１９条の７、１９条の８関係〕

政治団体の解散等

ポイント ▶ 政治団体が解散したり、活動目的を変更するなどして政治団体
　でなくなった場合には、その代表者及び会計責任者であった者
　は、その日から30日以内（国会議員関係政治団体の場合は60日
　以内）に、解散等の日現在で作成した収支報告書及び添付書類
　とともにその旨を届け出なければなりません。

〔政治資金規正法１７条関係〕

寄附の量的制限

寄附の量的制限

ポイント ▶ 政治資金規正法において「寄附」とは、金銭、物品その他の財産上の利益の供与または交付をいいます。
党費や会費（政治団体の党則・規約その他これらに相当するものに基づく金銭上の債務の履行としてその政治団体の構成員が負担するもの）は、寄附ではありません。
ただし、法人その他の団体が負担する党費や会費は、寄附とみなされます。

（政治資金規正法4条、5条関係）

▶ 公職の候補者及び政治団体は、会社などの団体や個人から受ける寄附に量的な制限が課せられています。特に、公職の候補者及び政党・政治資金団体以外の政治団体（資金管理団体、後援会、それぞれの主義主張を掲げて活動している団体など）は、会社などの団体からいっさい寄附を受けることができません。

（政治資金規正法21条、22条の2関係）

▶ 政治団体が支部をもっている場合は、本部・支部を通じて1つの政治団体として取り扱われるため、受けられる寄附の年間限度額は、本部・支部を通じた合計額です。

▶ 個人の遺贈（遺言により無償で財産上の利益を他人に贈与することを指し、遺言者の死亡でその効力が生じるもの）による寄附については、金額の制限はありません。

（政治資金規正法21条の3、22条関係）

ケース解説 ▶ **事務所や自動車の無償提供は寄附になるのか**
賃料等を支払うことが社会通念上相当であるようなときに、無償提供されている場合は、寄附になるものと考えられます。
この他、資金上の援助を受けるために借り入れた借入金については寄附には含まれませんが、融資をした者が債権を放棄すれば、その時点で寄附がなされたものと解されます。また、無利子で借り入れた場合には、通常支払うべき利子に相当する額が寄附されたものとして扱われます。

政党・政治資金団体が受けられる寄附

ポイント

罰則▶P101

▶ 政党・政治資金団体が、会社などの団体（1団体あたり）、個人（1人あたり）から1年間に受けられる寄附の限度額は次のとおりです。

なお、寄附をする会社などの団体や個人が政党・政治資金団体に対して1年間にできる寄附の総額の限度内でされた寄附である必要があります。(☞P67)

寄附者	年間限度額
会社などの団体	750万円～1億円＊
個人	2,000万円
政治団体	制限なし

＊団体の規模（資本金や組合員数など）に応じて異なります。詳しくは弊社刊『政治資金規正法要覧』をご覧ください。

〔政治資金規正法21条、21条の3、22条の2関係〕

▶ 政党の支部で、1以上の市町村・特別区（指定都市の場合は行政区）の区域または選挙区の区域を単位として設けられる支部以外の支部（会社の職域を単位として設けられる支部など）は、会社などの団体から寄附を受けることはできません。

〔政治資金規正法21条関係〕

▶ 政治資金団体に対する寄附及び政治資金団体が行う寄附（金額が1,000円以下のもの及び不動産の譲渡または貸付け（地上権の設定を含む）によるものを除く）については、口座への振込みまたは振替によらなければならないこととされています。

〔政治資金規正法22条の6の2関係〕

その他の政治団体が受けられる寄附

ポイント ▶ 政党・政治資金団体以外の政治団体（資金管理団体、後援会、それぞれの主義主張を掲げて活動している団体など）は、会社などの団体から寄附を受けることができません。

罰則▶P101

個人（１人あたり）から１年間に受けられる寄附の限度額は次のとおりであり、寄附をする個人が政党・政治資金団体以外の者に対して１年間にできる寄附の総額の限度内でされた寄附である必要があります。（☞P67）

寄附者	年間限度額
会社などの団体	禁止
個人	150万円
政治団体	制限なし・5,000万円＊

＊政党及び政治資金団体以外の政治団体は5,000万円。

（政治資金規正法21条、21条の3〜22条の2関係）

▶ 資金管理団体の指定をした公職の候補者から、特定寄附（その公職の候補者が政治活動のために政党から受けた寄附を自分で管理せず、自分が指定した資金管理団体に寄附すること）を受けることについては、金額の制限はありません。

（政治資金規正法21条の3、22条関係）

▶ 資金管理団体の指定をした公職の候補者から、特定寄附以外の寄附を受けることについては、その公職の候補者が政党・政治資金団体以外の者に対して１年間にできる寄附の総額（１千万円）の範囲内であれば、１人あたり150万円の制限は適用されません。

（政治資金規正法22条関係）

公職の候補者が受けられる寄附

ポイント

罰則▶P101

▶ 公職の候補者は、会社などの団体から寄附を受けることができません。

個人（1人あたり）から1年間に受けられる寄附の限度額は次のとおりであり、寄附をする個人が政党・政治資金団体以外の者に対して1年間にできる寄附の総額の限度内でされた寄附である必要があります。(☞P68)

なお、政党からの寄附を除き、金銭・有価証券による寄附（選挙運動に関する寄附を除く）を受けることはできません。

寄附者	年間限度額
会社などの団体	禁止
個人	150万円
政治団体	制限なし

〔政治資金規正法21条〜22条の2関係〕

ケース解説

▶ 選挙運動に関する寄附とはどのようなものか

陣中見舞、公認料、推薦料など、選挙運動のためのいっさいの寄附を指し、名目についての特別な規定はありません。金銭・有価証券による寄附を受けることもできますが、1人あたり150万円の制限があります。また、選挙運動に関する寄附については、選挙運動費用収支報告書に記載する必要があります。

▶ 会社などの団体から講演料を受けられるか

公職の候補者は、会社などの団体から政治活動（選挙運動を含む）に関する寄附をいっさい受けることはできませんが、講演料、顧問料、車代、旅費、原稿料などは一般的には政治活動に関する寄附に該当しないため、受けることができます。

ただし、その額が社会的にみて実費弁償や対価の支払いとしての範囲を超える場合は、政治活動に関する寄附に該当することもあります。

政治団体への政治資金の流れ

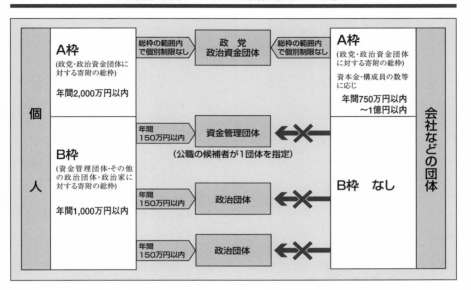

個人

A枠
(政党・政治資金団体に
対する寄附の総枠)
年間2,000万円以内

総枠の範囲内で個別制限なし → 政党・政治資金団体 ← 総枠の範囲内で個別制限なし

A枠
(政党・政治資金団体
に対する寄附の総枠)
資本金・構成員の数等
に応じ
年間750万円以内
〜1億円以内

B枠
(資金管理団体・その他
の政治団体・政治家に
対する寄附の総枠)
年間1,000万円以内

年間150万円以内 → 資金管理団体 ←✕
(公職の候補者が1団体を指定)

年間150万円以内 → 政治団体 ←✕

年間150万円以内 → 政治団体 ←✕

B枠　なし

会社などの団体

政治団体間の政治資金の流れ

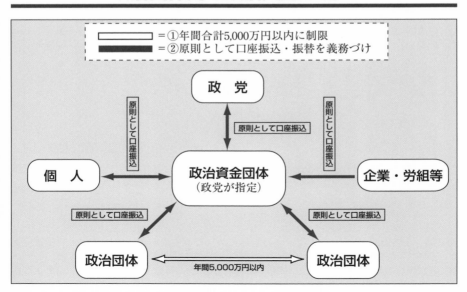

☐ ＝①年間合計5,000万円以内に制限
■ ＝②原則として口座振込・振替を義務づけ

政　党

原則として口座振込

個　人 ←→ 政治資金団体 (政党が指定) ← 企業・労組等

原則として口座振込　　　原則として口座振込

原則として口座振込　　　原則として口座振込

政治団体 ←→ 政治団体
年間5,000万円以内

公職の候補者への政治資金の流れ

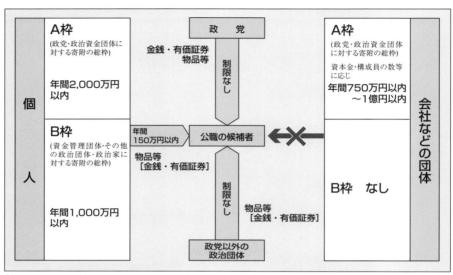

個人

A枠
(政党・政治資金団体に対する寄附の総枠)

年間2,000万円以内

B枠
(資金管理団体・その他の政治団体・政治家に対する寄附の総枠)

年間1,000万円以内

政党

金銭・有価証券 物品等

制限なし

年間150万円以内

公職の候補者

物品等 [金銭・有価証券]

制限なし

物品等 [金銭・有価証券]

政党以外の政治団体

A枠
(政党・政治資金団体に対する寄附の総枠)

資本金・構成員の数等に応じ

年間750万円以内～1億円以内

B枠　なし

会社などの団体

[金銭・有価証券]：選挙運動に関するものを除き、金銭・有価証券による寄附は禁止されます

公職の候補者からの政治資金の流れ

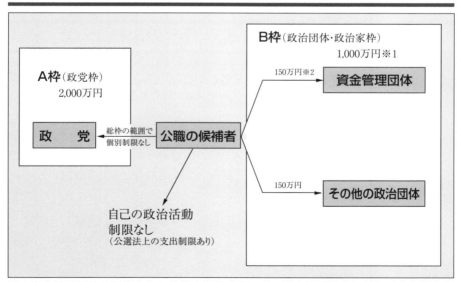

A枠（政党枠）
2,000万円

政党

総枠の範囲で個別制限なし

公職の候補者

自己の政治活動
制限なし
(公選法上の支出制限あり)

B枠（政治団体・政治家枠）
1,000万円※1

150万円※2

資金管理団体

150万円

その他の政治団体

※1 資金管理団体の届出をした公職の候補者が、その資金管理団体に対してする特定寄附については、制限はない。

※2 資金管理団体の届出をした公職の候補者が、その資金管理団体に対してする寄附（特定寄附及び自己資金による寄附）については、制限はない。

寄附の質的制限

会社等のする寄附の制限

ポイント ▶ 政治団体を除く会社・労働組合等の団体は、政党・政党の支部（１以上の市区町村の区域または選挙区の区域を単位として設けられる支部に限る）及び政治資金団体以外の者に対しては、政治活動に関する寄附をしてはなりません。
また、これに違反する寄附をすることを勧誘しまたは要求してはなりません。

〔政治資金規正法21条関係〕

公職の候補者の政治活動に関する寄附の制限

ポイント ▶ 何人も、公職の候補者の政治活動（選挙運動を除く）に関して金銭及び有価証券による寄附をしてはなりません（ただし、政党がする寄附及び政治団体に対する寄附は認められています）。

〔政治資金規正法21条の2関係〕

補助金等を受けている法人の寄附の制限

ポイント ▶ 国から、補助金、負担金、利子補給金、その他の給付金の交付の決定を受けた法人は、交付の決定の通知を受けた日から１年間は政治活動に関する寄附をしてはなりません。
罰則 ▶ P102
ただし、試験研究、調査、災害復旧にかかるもの、その他性質上利益を伴わない補助金などであれば、この制限はかかりません。また、地方公共団体の長、議会の議員、その候補者、これらの者が指定した資金管理団体、またはこれらの者の後援団体に対する寄附についても、この制限はかかりません。

▶ 地方公共団体から、補助金、負担金、利子補給金、その他の給付金の交付の決定を受けた法人は、交付元である地方公共団体の長、議会の議員、その候補者、これらの者が指定した資金管理団体、またはこれらの者を推薦したり、支持したり、もしくはこれに反対する政治団体に対して、交付の決定の通知を受けた日から１年間は政治活動に関する寄附をしてはなりません。

〔いずれも政治資金規正法22条の3関係〕

出資や拠出を受けている法人の寄附の制限

ポイント

罰則▶P103

▶ 国から、資本金、基本金、その他これらに準ずるものの出資や拠出を一部でも受けている法人は、政治活動に関する寄附をしてはなりません。

ただし、地方公共団体の長、議会の議員、その候補者、これらの者が指定した資金管理団体、またはこれらの者の後援団体に対する寄附については、この制限はかかりません。

▶ 地方公共団体から、資本金、基本金、その他これらに準ずるものの出資や拠出を一部でも受けている法人は、出資元である地方公共団体の長、議会の議員、その候補者、これらの者が指定した資金管理団体、またはこれらの者を推薦したり、支持したり、もしくはこれに反対する政治団体に対して、政治活動に関する寄附をしてはなりません。

〔いずれも政治資金規正法22条の3関係〕

赤字会社の寄附の禁止

ポイント

罰則▶P103

▶ 3事業年度以上にわたり継続して欠損が生じている会社は、その欠損がうめられるまでの間、政治活動に関する寄附をしてはなりません。

〔政治資金規正法22条の4関係〕

外国法人などからの寄附の受領の禁止

ポイント

▶ いかなる者も、外国人、外国法人、その主たる構成員が外国人や外国法人である団体やその他の組織から、政治活動に関する寄附を受けてはなりません。

ただし、主たる構成員が外国人または外国法人である日本法人のうち上場会社であってその発行する株式が金融商品取引所において5年以上継続して上場されている者（新設合併または株式移転により設立された者であって、合併により消滅した会社または株式移転をした会社のうち上場期間が最も短いものの上場期間と通じて5年以上継続して上場されているものを含む）

からの寄附は受けることができます。

なお、上記に該当する者は、政治活動に関する寄附をする時は、寄附を受ける者に対して、文書によりその旨を通知する必要があります。

〔政治資金規正法22条の5関係〕

ケース解説 ▶**「主たる構成員が外国人若しくは外国法人である団体」とはどういう意味か**

「主たる構成員が外国人若しくは外国法人である団体」とは、構成員の過半数を外国人若しくは外国法人が占めている団体をいいます。なお、株式会社の場合には、発行済株式の半数を超えるか否かが「主たる」の判断基準と解されています。したがって、外国人または外国法人が発行済株式の過半数を保有している株式会社からは、政治活動に関する寄附を受けることができないこととなります。

▶**「主たる構成員が外国人である会社の子会社（外資系会社）の場合」**

主たる構成員が外国人または外国法人である日本法人のうち上場会社であって、その発行する株式が金融商品取引所において5年以上継続して上場されている会社からの政治活動に関する寄附は受けることができます。

匿名などの寄附の禁止

ポイント ▶いかなる者も、本人以外の名義で寄附をしたり、匿名で寄附をしてはなりません。

罰則▶P104

ただし、政党や政治資金団体に対し、街頭や一般に公開される演説会や集会などの会場でする1,000円以下の寄附（政党匿名寄附）については、匿名の寄附も認められます。

〔政治資金規正法22条の6関係〕

その他の寄附の制限

ポイント

罰則▶P104・
　　　P105

▶ 政治活動に関する寄附は、寄附者の自発的な意思に基づいて行われるべきものであるため、寄附の任意性を確保するために次のような禁止事項があります。

①寄附をあっせんする際、相手方に対して、不当にその意思を拘束するような方法であっせんしてはならない。

②寄附をあっせんする者は、寄附をしようとする者の意思に反して、その者の賃金、工賃、下請代金その他性質上これらに類するものからの控除による方法（チェックオフによる方法）で寄附を集めてはならない。

③国や地方公共団体の公務員、または特定独立行政法人や特定地方独立行政法人の職員に対して、その地位を利用した寄附への関与などを求めてはならない。

〔政治資金規正法22条の7、22条の9関係〕

ケース解説 ▶ **あっせんとは何か**

寄附のあっせんとは、特定の政治団体または公職の候補者のために政治活動に関する寄附を集めて、これをその政治団体または公職の候補者に提供することです。

▶ **不当にその意思を拘束する方法とはどのようなものか**

例えば、業務関係（卸売業者と小売業者の取引関係など）や雇用関係（雇用者と被用者の関係）を利用したり、組織の影響力を利用して威迫することなどです。

▶ **公務員の地位を利用した寄附への関与とは何か**

地位の利用とは、例えば補助金の交付や契約の締結などの職務権限に基づく影響力を行使したり、公務員の内部関係において人事権などに基づく影響力を行使したり、窓口で住民に接する職員などがこれらの機会を利用して職務に関連して住民に働きかけることなどです。

また、関与については、あっせんに限らず、援助、勧誘、仲介その他の広範な行為がこれに含まれ、意思を拘束するような方法によったか否か、現実にその意思を拘束したか否かを問いません。

政治資金パーティー

政治資金パーティーの開催

ポイント

罰則▶P100

▶ 政治資金パーティーとは、対価を徴収して行われる催し物のうち、その収入から経費を差し引いた残額を、開催者などの政治活動のために用いるものをいいます。
政治資金パーティーは、原則として政治団体によって開催されるようにしなければならないとされていますが、政治団体以外の者が開催することもできます。この場合、特別の手続きが必要になることがあります。

〔政治資金規正法8条の2関係〕

▶ 政治資金パーティーの開催者は、あらかじめ、対価を支払う者（パーティー券の購入者）に対して、その対価が政治資金パーティーの対価であることを書面で知らせなければなりません。
書面に記載すべき文言は「この催物は政治資金規正法第8条の2に規定する政治資金パーティーです」と定められています。

〔政治資金規正法22条の8関係〕

政治資金パーティーの対価の支払に関する制限

ポイント

罰則▶P100・104・105

▶ 政治資金パーティーの開催者は、1つの政治資金パーティーにつき、同一の者から150万円を超えて対価の支払を受けてはなりません。

▶ 寄附の制限と同様に、政治資金パーティーの対価の支払についても、次のような禁止規定があります。
  ①本人以外の名義及び匿名による政治資金パーティーの対価の支払を受けてはならない。
  ②政治資金パーティーの対価の支払をあっせんする際、相手方に対して、不当にその意思を拘束するような方法であっせんしてはならず、また、相手の意思に反してチェックオフによる方法で対価を集めてはならない（あっせん者が第三者に依頼してチェックオフを行う場合を含む）。
  ③国や地方公共団体の公務員、または特定独立行政法人や特定地方独立行政法人の職員に対して、その地位を利用した政治資金パーティーの対価の支払への関与などを求めてはならない。

〔政治資金規正法22条の8・9関係〕

ケース解説 ▶ **政治資金パーティーの対価収入が寄附とみなされる場合**
政治資金パーティーの対価の支払は寄附とは異なり、すべての政治団体が同一の者から150万円までの支払を受けられますが、代金が社会通念上相当の価額を超えるような場合には、寄附とみなされることもあります。
なお、次のようなものは寄附に該当します。
  ①政治資金パーティーのパーティー券を購入した者が、ご祝儀を持参した場合のご祝儀など
  ②政治資金パーティーが前売り後に中止になり、購入者の善意などにより前売り分を返還しなかった場合の前売り分など

会計経理

会計帳簿の備付けと記載

ポイント ▶ 政治団体の会計責任者は、会計帳簿を備付け、政治団体のすべての収入と支出ならびに政治資金の運用に関する事項を記載しなければなりません。

罰則▶P106

会計帳簿は、収入簿・支出簿・運用簿に分けて記載し、12月31日で締切り、会計責任者が署名押印します。

（政治資金規正法9条関係）

支出簿の記載

ポイント ▶ すべての支出をまず経常経費と政治活動費に分類し、さらに次のような項目に分類して記載しなければなりません。

罰則▶P106

●経常経費（4項目）

①人件費（政治団体の職員に支払われる給料や各種保険料など）

②光熱水費（電気、ガス、水道の使用料など）

③備品・消耗品費（事務用品、文房具、自動車のガソリンなど）

④事務所費（事務所の地代や家賃、電話使用料など）

●政治活動費（6項目）

①組織活動費（大会費、行事費、交際費など）

②選挙関係費（公認推薦料、選挙の陣中見舞などの経費）

③機関紙誌の発行その他の事業費（機関紙誌の印刷料などの発行事業費、ポスターの作成料などの宣伝事業費、政治資金パーティーの会場費などの政治資金パーティー開催事業費など）

④調査研究費（研修会費、資料費、書籍購入費など）

⑤寄附・交付金（他の政治団体などへの寄附、本部または支部への交付金など）

⑥その他の経費

（政治資金規正法9条関係）

収入簿の記載

ポイント

罰則▶P106

▶ 収入簿には、すべての収入について、次の6項目に分類して記載しなければなりません。
①個人が負担する党費や会費
②寄附（法人その他の団体が負担する党費や会費などを含む）
③機関紙誌の発行その他の事業による収入
④借入金
⑤本部または支部から供与された交付金に係る収入
⑥その他の収入（利子収入や政党交付金など）

▶ 寄附について記載すべき内容は、寄附者の氏名・住所・職業（団体の場合は名称・所在地・代表者名）と、寄附の金額、寄附を受けた年月日などです。

〔いずれも政治資金規正法9条関係〕

▶ 主たる構成員が外国人または外国法人である日本法人のうち上場会社であってその発行する株式が金融商品取引所において5年以上継続して上場されている者から寄附を受けた場合は、その旨を記載する必要があります。

〔政治資金規正法12条関係〕

▶ 資金管理団体が特定寄附を受けた場合には、特定寄附である旨を記載する必要があります。

〔政治資金規正法19条の4関係〕

▶ 政治資金パーティーの対価収入について記載すべき内容は、政治資金パーティーの名称・開催年月日・開催場所と、対価を支払った者の氏名・住所・職業（団体の場合は名称・所在地・代表者名）、対価収入の金額と年月日などです。

▶ 寄附や政治資金パーティーの対価収入についてあっせんをされた場合は、上記の内容に加え、あっせんをした者の氏名・住所・職業（団体の場合は名称・所在地・代表者名）、あっせんされた寄附や政治資金パーティーの対価収入の金額、これを集め

た期間と政治団体に提供された年月日を記載する必要があります。

〔いずれも政治資金規正法９条関係〕

運用簿の記載

ポイント ▶ 運用簿には、次のような政治資金の３つの運用方法ごとに分類して記載しなければなりません。

罰則▶P106

①預金、貯金（預け入れや払い戻しを行った金融機関名と所在地、その金額や年月日などを記載）
ただし、普通預金、当座預金、普通貯金については、記載する必要はありません。

②国債証券、地方債証券、政府保証債券など（取得・譲渡した債券の種類や銘柄、取得・譲渡先の氏名と住所、債券の価額や年月日などを記載）

③金銭信託（信託時・終了時の金額、受託者の名称と所在地、信託の設定年月日や終了年月日などを記載）

〔政治資金規正法９条関係〕

支出の明細書

ポイント ▶ 政治団体の代表者や会計責任者と意思を通じて、その政治団体のために寄附を受けたり支出をした者は、寄附を受けたり支出をした日から７日以内に（会計責任者の請求があるときは直ちに）、寄附をした者または支出を受けた者の氏名・住所（団体の場合は名称・所在地・代表者名）、金額、年月日などを記載した明細書を会計責任者に提出しなければなりません。

罰則▶P107

〔政治資金規正法１０条関係〕

あっせんの明細書

ポイント ▶ 政治団体のために寄附や政治資金パーティーの対価の支払のあっせんをした者は、そのあっせんを終えた日から７日以内に、寄附をした者または対価を支払った者とあっせんをした者の氏

罰則▶P107

名・住所・職業（団体の場合は名称・所在地・代表者名）、金
額、年月日、あっせんに係る金額、これを集めた期間などを記
載した明細書を会計責任者に提出しなければなりません。

（政治資金規正法10条関係）

領収書などの徴収

ポイント ▶

罰則 ▶ P108

会計責任者と、政治団体の代表者や会計責任者と意思を通じて
支出をした者は、1件5万円以上のすべての支出について、支
出の目的・金額・年月日を記載した領収書など支出を証明する
書面を徴収しておかなければなりません。（※）
ただし、通常は領収書を発行しないような場合は、例外的に領
収書などを徴収しなくてもかまいません。
政治団体の代表者や会計責任者と意思を通じて支出をした者は、
領収書を徴収したらすぐに会計責任者に送付しなければなりま
せん。
※国会議員関係政治団体にあっては、すべての支出について、
　領収書等を徴収し、要旨の公表後、3年間保存することとな
　ります。

（政治資金規正法11条、19条の9、19条の11関係）

会計帳簿・明細書・領収書の保存

ポイント ▶

罰則 ▶ P108

会計責任者は、会計帳簿・明細書・領収書等及び振込明細書の
4点を、政治団体の収支報告書の要旨が官報または都道府県の
公報で発表された日から3年間保存しなければなりません。
また、会計責任者は、主たる構成員が外国人または外国法人で
ある日本法人のうち上場会社であってその発行する株式が金融
商品取引所において5年以上継続して上場されている者が政治
活動に対する寄附を行う際に寄附を受ける者に上記内容に該当
する旨の通知を受け取った場合も、要旨の公表後、3年間保存
しなければなりません。

（政治資金規正法16条関係）

▶ 資金管理団体の会計責任者は、さらに特定寄附の通知文書についても、収支報告書の要旨が公表された日から３年間保存しなければなりません。

〔政治資金規正法19条の3関係〕

▶ 国会議員関係政治団体にあっては、すべての支出について、領収書等を徴収し、要旨の公表後、３年間保存することとなります。すべての支出において、領収書等を徴し難い事情があったときは、「領収書等を徴し難かった支出の明細書」、振込明細書がある場合は「振込明細書に係る支出目的書」をそれぞれ作成し保存することとなります。

〔政治資金規正法19条の11関係〕

会計責任者の事務の引継ぎ

ポイント

罰則 ▶ P107

▶ 会計責任者が代わった場合は、前任者は退職の日から15日以内に、担当していた事務を後任者に引継がなければなりません。前任者または後任者が引継ぎできないときは、会計責任者の職務代行者が引継ぎを代行しなければなりません。
また、会計責任者の職務代行者が引継ぎを受けた後、後任者に引継ぎができる状態になったら、すぐに引継ぎをしなければなりません。

▶ 事務の引継ぎをする場合は、引継ぎをする者が引継書を作成し、現金、会計帳簿、明細書、領収書などとともに引継ぎをしなければなりません。なお、引継書には、引継ぎの旨と引継ぎの年月日を記載し、引継ぎをする者と受ける者の双方で署名捺印しなければなりません。

〔いずれも政治資金規正法15条関係〕

収支報告書

収支報告書の提出義務

ポイント ▶ 政治団体は、毎年１回、収支報告書を作成して総務大臣届出の
団体は主たる事務所のある都道府県の選挙管理委員会を通じて

罰則 ▶ P109　総務大臣へ、都道府県選挙管理委員会届出の団体は当該都道府
県の選挙管理委員会へそれぞれ提出しなければなりません。収
支報告書の直接の提出義務者は会計責任者となります。
国会議員関係政治団体の収支報告書は、登録政治資金監査人に
よる監査を受けるとともに、政治資金監査報告書を提出する必
要があります。また、国会議員関係政治団体の収支報告書及び
政治資金監査報告書については、電子申請による提出の努力義
務があります。

〔政治資金規正法12条、19条の13、19条の15関係〕

収支報告書の提出期限

ポイント ▶ 収支報告書は、毎年12月31日現在で作成し、翌年の３月31日まで
に提出しなければなりません。（※１）
ただし、その間（１月１日〜３月31日）に衆議院総選挙または
参議院通常選挙の選挙期間がかかる場合には、提出期限が１ヵ
月延期され、４月30日が提出期限になります。（※２）
※１国会議員関係政治団体にあっては、５月31日が提出期限と
なります。
※２国会議員関係政治団体にあっては、６月30日が提出期限と
なります。

〔政治資金規正法12条、19条の10関係〕

▶ 政治団体が収支報告書を提出期限までに提出せず、前年の収支
報告書も提出していなかった場合（２年連続で提出しなかった
場合）は、提出期限を過ぎた日から政治団体の設立の届出をし
ていないものとみなされます。
したがって、政治活動のために寄附を受けたり支出をすること
ができなくなり、実質的には政治団体としての活動ができなく
なります。

〔政治資金規正法17条関係〕

収支報告書の記載

罰則▶P109

ポイント

▶ 政治団体の収支報告書は、その年におけるすべての収入と支出について、あらかじめ定められている事項について記載しなければなりません。(☞P83・84)

▶ 12月31日現在で政治団体が有する資産などについても、次の事項について記載し、報告しなければなりません。
①土地（所在、面積、取得価額、取得年月日）
②建物（所在、面積、取得価額、取得年月日）
③建物の所有を目的とする地上権または土地の賃借権（土地の所在、面積、権利の取得価額、取得年月日）
④取得の価額が100万円を超える動産（品目、数量、取得価額、取得年月日）
⑤預金、貯金（普通預金・当座預金・普通貯金を除き、その残高）
⑥金銭信託（信託している金額、信託の設定年月日）
⑦有価証券（種類、銘柄、数量、取得価額、取得年月日）
⑧出資による権利（出資先、出資先ごとの金額、出資年月日）
⑨貸付先ごとの残高が100万円を超える貸付金（貸付先、残高）
⑩支払われた金額が100万円を超える敷金（支払先、敷金の金額、支払年月日）
⑪取得の価額が100万円を超える施設の利用に関する権利（種類、施設の名称、取得価額、取得年月日）
⑫借入先ごとの残高が100万円を超える借入金（借入先、残高）
⑬資金管理団体の資産（上記①～③）の保有及び利用の現況

〔いずれも政治資金規正法12条関係〕

収支報告書の要旨の公表

ポイント ▶ 提出された収支報告書の中の基幹部分は、要旨として、官報または都道府県の公報で公表されます。

〔政治資金規正法20条関係〕

収支報告書の保存

ポイント ▶ 総務大臣または都道府県の選挙管理委員会は、収支報告書と監査意見書（政党本部・政治資金団体のみ提出）、領収書等の写し、政治資金監査報告書（国会議員関係政治団体のみ提出）を、収支報告書の要旨を公表した日から3年間保存しなければならないとされています。

〔政治資金規正法20条の2関係〕

収支報告書の閲覧・写しの交付

ポイント ▶ 収支報告書の細部については官報や都道府県の公報ではわからないため、収支報告書の要旨が公表されてから3年間の保存期間中は、誰でも収支報告書の閲覧及び写しの交付を求めることができます。
請求できる文書は、収支報告書、監査意見書、政治資金監査報告書、収支報告書に添付された宣誓書です。

〔政治資金規正法20条の2関係〕

ケース解説 ▶ どこで閲覧できるのか
官報で公表されたものは総務省自治行政局選挙部収支公開室内、都道府県の公報で公表されたものは通常、その都道府県選挙管理委員会の事務室内です。

収支報告書の記載事項の概要 (収入・支出関係)

区分	項　目	報告書への記載事項
収 入	個人の党 (会) 費	金額、納入者数 ※法人その他の団体の党 (会) 費については寄附とみなされるので、寄附収入に記載する
	寄附収入	政党匿名寄附を除く同一の者からの寄附で、合計額が年間5万円を超えるものについて、寄附者の氏名・住所・職業 (団体である場合には、名称・主たる事務所の所在地・代表者の氏名)、金額、年月日 同一の者によってあっせんされた寄附で、あっせんに係る合計額が年間5万円を超えるものについて、あっせん者の氏名・住所・職業 (団体である場合には、名称・主たる事務所の所在地・代表者の氏名)、あっせん金額、集めた期間、政治団体への提供年月日 政党匿名寄附 (政党・政治資金団体のみ) について、同一の日に同一の場所で受けた寄附ごとに、金額、年月日、これを集めた場所
	機関紙誌の発行 その他の事業収入	事業の種類、種類ごとの収入金額 (政治資金パーティー開催事業については、パーティーごとに、その名称、収入金額) 特定パーティーまたは特定パーティーになると見込まれる政治資金パーティーについて、パーティーごとに、その名称、開催年月日、場所、収入金額、対価の支払をした者の数 同一の者からの政治資金パーティーの対価の支払で、1パーティーの対価の支払額が20万円を超えるものについて、対価の支払をした者の氏名・住所・職業 (団体である場合には、名称・主たる事務所の所在地・代表者の氏名)、金額、年月日 同一の者によってあっせんされた政治資金パーティーの対価の支払で、1パーティーのあっせんに係る額が20万円を超えるものについて、あっせん者の氏名・住所・職業 (団体である場合には、名称・主たる事務所の所在地・代表者の氏名)、あっせん金額、集めた期間、政治団体への提供年月日

収支報告書の記載事項の概要（収入・支出関係）

区分	項　　目	記　載　事　項
収入	借入金	借入先、借入先ごとの金額
	その他の収入	１件10万円以上の収入について、基因となった事実、金額、年月日
	政治団体の本部または支部から供与された交付金に係る収入	本部または支部の名称、主たる事務所の所在地並びに当該交付金の金額及び年月日
支出	経　常　経　費 　人件費 　光熱水費 　備品・消耗品費 　事務所費	項目ごとにその金額を記入＊１
	政　治　活　動　費 　組織活動費 　選挙関係費 　機関紙誌の発行 　その他の事業費 　　機関紙誌の発行事業費 　　宣伝事業費 　　政治資金パーティー 　　開催事業費 　　その他の事業費 　調査研究費 　寄附・交付金 　その他の経費	１件５万円以上のものについて、支出先の氏名・住所（団体の場合は名称・主たる事務所の所在地）、支出の目的、金額、年月日＊２
	政治団体の本部または支部に対して供与した交付金に係る支出	本部または支部の名称、主たる事務所の所在地、総務省令で定める項目の別、金額、年月日

＊1 資金管理団体にあっては、経常経費のうち光熱水費、備品・消耗品費及び事務所費について1件5万円以上の支出に関し明細（支出先の氏名、住所（団体の場合は名称、主たる事務所の所在地）、支出の目的、金額、年月日）を記入。国会議員関係政治団体にあっては、人件費以外の経費において1件1万円超の支出に関し明細（支出先の氏名、住所（団体の場合は名称、主たる事務所の所在地）、支出の目的、金額、年月日）を記入。

＊2 国会議員関係政治団体にあっては、すべての経費において1件1万円超の支出に関し明細（支出先の氏名、住所（団体の場合は名称、主たる事務所の所在地）、支出の目的、金額、年月日）を記入。

その他

個人の寄附に関する税制上の優遇措置

ポイント ▶ 個人が提供した政治活動のための寄附のうち、一定の要件に該当するものは所得税法上の特定寄附金とみなされ、所得控除の対象となります。また、政党・政治資金団体に対する寄附に限り、税額控除と所得控除のいずれかを選択することができます。
一定の要件とは、次の①～⑤のすべてを満たす場合です。
①寄附の相手方などの範囲（次のいずれか）
・政党、政治資金団体
・政治上の主義や施策の推進・支持・反対を本来の目的とする団体または政治上の主義や施策を研究する目的を有する団体で、国会議員が主宰するものまたはその主要な構成員が国会議員であるもの
・公職にある者（国会議員、都道府県の議会議員または知事、指定都市の議会議員または市長に限る）を推薦し、または支持することを本来の目的とする団体
・公職の候補者または公職の候補者となろうとする者（国会議員、都道府県の議会議員または知事、指定都市の議会議員または市長に限る）を推薦し、または支持することを本来の目的とする団体（ただし、立候補した年とその前年の2年間にされた寄附に限る）
・選挙運動に関する寄附（衆議院比例代表選出議員を除く国会議員、都道府県の議会議員または知事、指定都市の議会議員または市長の選挙に限る）
②法に違反しない寄附
　量的制限（総枠制限、個別制限の双方）の枠内の寄附であり、かつ、本人以外の名義または匿名の寄附ではないことなど
③収支報告書に、優遇措置の適用を受けようとする寄附者の氏名などが記載されていること
・政治団体の収支報告書には、年間5万円を超える寄附について寄附者の氏名などが記載されますが、たとえ年間5万円以下の寄附であっても、寄附者の氏名・住所・職業・金額・年月日が記載されていること
・特定の候補者の選挙運動に関して寄附した場合は、公職選挙法により出納責任者が提出する選挙運動に関する収支報告書

に、寄附者の氏名・住所・職業・金額・年月日が記載されていること

④寄附者に特別の利益が及ぶ寄附ではないこと

　例えば、議員が自分の後援会に寄附をする場合や、議員がお互いに相手方の後援会に寄附をし合う場合などが考えられますが、どのようなケースが該当するかは、個別のケースに応じて税務署で判断されます。

⑤期間

　平成7年1月1日から令和6年12月31日までの期間内にされる寄附であること

〔政治資金規正法32条の4、租税特別措置法41条の18関係〕

▶ 寄附者が税制上の優遇措置を受けるためには、寄附した側（寄附者）と寄附を受けた側（政治団体など）双方の手続きが必要です。(☞P88)

①寄附者の手続き

　寄附者は、あらかじめ政治団体などから「寄附金（税額）控除のための書類」を受けておき、確定申告の際に添付します。確定申告に間に合わなかった場合は、いったん政治団体などに寄附した旨を領収書などで税務署に申告し、その後この書類の交付を受けて税務署に提出しなければなりません。

②政治団体などの手続き

　政治団体などは、「寄附金（税額）控除のための書類」を作成し、収支報告書とともに提出して、総務大臣または都道府県の選挙管理委員会の確認を受けることが必要です。その後、確認印が押された「寄附金（税額）控除のための書類」を寄附者に交付します。

寄附金（税額）控除の手続きの流れ

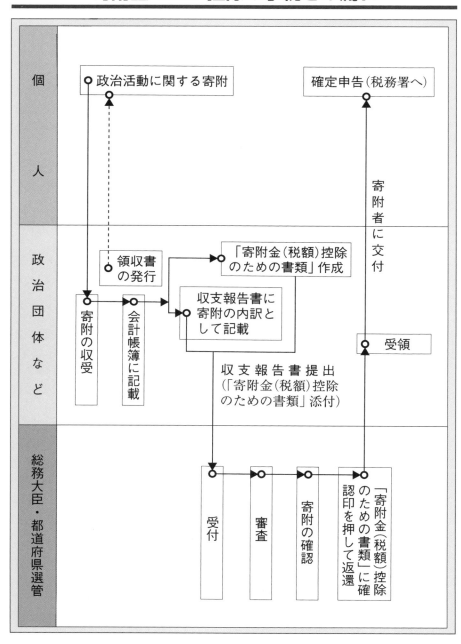

個人

政治団体など

総務大臣・都道府県選管

政治活動に関する寄附

確定申告（税務署へ）

寄附者に交付

領収書の発行

「寄附金（税額）控除のための書類」作成

寄附の収受

会計帳簿に記載

収支報告書に寄附の内訳として記載

受領

収支報告書提出（「寄附金（税額）控除のための書類」添付）

受付

審査

寄附の確認

「寄附金（税額）控除のための書類」に確認印を押して返還

政治資金の運用方法の制限

ポイント ▶ 政治団体は、保有する金銭及び有価証券を、次の方法以外の方法で運用してはいけません。
　①銀行やその他の金融機関への預金、貯金
　②国債証券、地方債証券、政府保証債券（その元本の償還及び利息の支払について政府が保証する債券）、または銀行・農林中央金庫・株式会社商工組合中央金庫・全国を地区とする信用金庫連合会の発行する債券の取得
　③金融機関の信託業務の兼営等に関する法律第１条第１項の認可を受けた金融機関への金銭信託で、元本補てん契約のあるもの

〔政治資金規正法8条の3関係〕

寄附などの公開

ポイント ▶ 年間５万円を超える寄附は、政治団体の収支報告書に寄附者の氏名・住所・職業・寄附の金額・年月日が記載され、収支報告書の要旨が官報または都道府県の公報で公表されます。
税制上の優遇措置を受けようとする者の寄附については、年間５万円以下の場合でも同様の事項が収支報告書に記載されます。

▶ １つの政治資金パーティーにおいて同一の者からの対価の支払の合計が20万円を超えるものは、政治資金パーティーを開催した政治団体の収支報告書に、対価を支払った者の氏名・住所・職業・その金額・年月日が記載され、収支報告書の要旨が官報または都道府県の公報で公表されます。

〔いずれも政治資金規正法12条、20条関係〕

V

政治活動における主な罰則

政治活動等に関する罪

選挙運動の期間制限違反

 要件 ▶ 選挙運動が認められるのは、立候補の届出が受理された時から投票日の前日の午後12時まで（街頭演説や連呼行為は午後8時まで）であるにもかかわらず、これに違反すること。

解説 ■■■ 事前運動を行えば、本罪が適用されます。なお、違反行為者の公民権は一定期間停止されます。

罰則 ▶

> **1年以下の禁錮、または30万円以下の罰金**
> 〔公職選挙法239条①関係〕

挨拶を目的とする有料広告の禁止違反

 要件 ▶ 公職の候補者等及びその後援団体が、選挙区内にある者に対して、年賀・暑中見舞・慶弔・激励・感謝などの挨拶を目的とする広告を有料で新聞、ビラ、パンフレット、インターネット等に掲載させたり、テレビやラジオを通じて放送させること。または、公職の候補者等やその後援団体の構成員などを威迫して、広告の掲載や放送を要求すること。

解説 ■■■ 広告を掲載・放送させた人と、これらの者を威迫して広告の掲載や放送を要求した人とでは、量刑が異なります。なお、違反行為者の公民権は一定期間停止されます。

罰則 ▶

> **50万円以下の罰金（候補者など）**
> **1年以下の懲役・禁錮、または30万円以下の罰金（要求者）**
> 〔公職選挙法235条の6関係〕

文書図画の制限違反

 ▶ ①任期満了の日の6ヵ月前の日から選挙期日までの間、または選挙を行うべき事由が生じた旨を選挙管理委員会が告示した翌日から選挙期日までの間に、公職の候補者等の氏名（氏名類推事項を含む）や後援団体の名称を表示した政治活動用ポスターを掲示すること。

②公職の候補者等の氏名（氏名類推事項を含む）や後援団体の名称を表示した政治活動用の文書図画について、ベニヤ板等で裏打ちされていないポスター及び事務所表示用の立札・看板の類を、個数制限・規格制限・場所制限などに違反して掲示すること。あるいは、これら以外の文書図画を掲示すること。

解説 違反行為者の公民権は一定期間停止されます。

罰則 ▶

> **2年以下の禁錮、または50万円以下の罰金**
> 〔公職選挙法243条①関係〕

選挙期間中の政治活動の規制違反 1

 要件 ▶ ①都道府県知事選挙、市長選挙、特別区長選挙、都道府県や指定都市の議会の議員選挙において、選挙の告示日から選挙期日までの間に、確認団体以外の政治団体の役職員や構成員が、政談演説会や街頭政談演説の開催、ポスター及び立札・看板の類の掲示、ビラの頒布、宣伝・告知のために政治活動用自動車及び拡声機の使用などを行うこと。または、確認団体の役職員や構成員が、政談演説会の回数制限、街頭政談演説・拡声機使用の場所制限、政治活動用自動車の台数制限、ポスターの枚数・規格制限、立札・看板の類の個数制限、ビラの種類制限に違反してこれらの政治活動を行うこと。

②選挙の告示日から選挙期日までの間に、政党その他の政治団体の役職員や構成員が、連呼行為（確認団体が政談演説会や街頭政談演説の場所、政治活動用自動車の車上でする場合を除く）、特定の候補者の氏名（氏名類推事項を含む）を記載した文書図画（新聞、雑誌、インターネット等を除く）の掲示・頒布、国や地方公共団体が所有・管理する建物（公営住宅などを除く）への文書図画（新聞・雑誌を除く）の頒布（郵便・新聞折込みの方法による頒布を除く）を行うこと。

③確認団体の役職員や構成員が、都道府県の選挙管理委員会に届け出ないで政談演説会を開催したり、午後8時から翌日午前8時までの間に街頭政談演説を開催すること。または、他の選挙が重複して行われる場合、当該及び他の選挙の投票日当日にその投票所を設けた場所の入口から300m以内の区域で政談演説会や街頭政談演説を開催すること。

④選挙告示日から選挙期日までの間に、政党その他の政治団体の役職員や構成員が、当該選挙に関する報道・評論が掲載された機関新聞紙・機関雑誌を通常以外の方法で頒布したり、当該選挙に関する報道・評論の掲載が禁止されている機関新聞紙・機関雑誌を発行すること。

罰則 ▶

100万円以下の罰金

〔公職選挙法252条の3①関係〕

選挙期間中の政治活動の規制違反 2

 要件 ▶ ①政治活動用自動車の外部から見えやすい箇所に、都道府県の選挙管理委員会が交付する表示板を掲示しないこと。または、政談演説会告知用の立札・看板の類に、都道府県の選挙管理委員会が定める表示をしないこと。

②ポスターの表面に、都道府県の選挙管理委員会が交付する証紙・検印がなかったり、確認団体の名称、掲示責任者及び印刷者の氏名・住所を記載しないこと。または、立札・看板の類の表面に、掲示責任者の氏名・住所を記載しないこと。

③ポスターや立札・看板の類を、国や地方公共団体が所有・管理する建物（公営住宅などを除く）に掲示したり、他人の建物に承諾なく掲示したり、その撤去命令に従わないこと。または、確認団体の名称、選挙の種類、法定ビラであることを表示する記号などが記載されていないビラを頒布すること。

④選挙期日の告示前から掲示されていた政党その他の政治団体の政治活動用ポスターで、当該ポスターに氏名等が記載されていた者が候補者となったため撤去しなければならないものについて、撤去命令に従わないこと。

解説 ■■■ これらの制限違反を犯せば、政党その他の政治団体の役職員及び構成員か否かを問わず、行為者が罰則の対象となります。

罰則 ▶

50万円以下の罰金

〔公職選挙法252条の3②関係〕

選挙報道・評論に関する罪

新聞紙・雑誌が選挙の公正を害する罪

 要件
▶ ①新聞紙・雑誌が選挙に関する報道・評論を掲載する場合に、虚偽の事項を記載したり、事実を歪めて記載するなど、表現の自由を濫用して選挙の公正を害すること。

②選挙期間中に選挙に関する報道・評論を掲載することができる新聞紙・雑誌や機関新聞紙・機関雑誌以外の新聞紙や雑誌が、選挙期間中に、当該選挙に関する報道をしたり、評論を掲載すること。

③特定の候補者を当選させること、または当選させないことを目的に、新聞紙・雑誌に対する編集及びその他経営上の特殊な地位を利用して、選挙に関する報道や評論を掲載したり、または掲載させること。

解説 ━
①②の場合は、編集を実際に担当した人や経営者が罰則の対象となります。③の場合は、編集や経営上の地位を利用して報道・評論を掲載した人、及び掲載させた人が罰則の対象となります。なお、違反行為者の公民権は一定期間停止されます。

罰則 ▶
> **2年以下の禁錮、または30万円以下の罰金**
> 〔公職選挙法235条の2関係〕

新聞紙・雑誌の報道評論の自由違反

 要件
▶ 新聞紙・雑誌の販売業者が、選挙に関する報道・評論が掲載されている新聞紙・雑誌を、通常以外の方法（無償でする場合を含む）で頒布したり、都道府県の選挙管理委員会が指定する場所以外のところに掲示すること。

解説 ━
違反行為者の公民権は一定期間停止されます。

罰則 ▶
> **2年以下の禁錮、または50万円以下の罰金**
> 〔公職選挙法243条⑥関係〕

寄附の制限に関する罪

候補者等の寄附の禁止違反

 要件 ▶ ①公職の候補者等が、選挙区内にある者に対して、選挙に関する寄附を行うこと（政党等や親族への寄附、選挙区内で行われる政治教育集会に関する必要最小限度の実費補償を除く）。または、選挙に関しないものであっても、通常一般の社交の程度を超えて寄附をすること。

②公職の候補者等が、選挙区内にある者に対して、選挙に関しないもので、かつ、通常一般の社交の程度を超えない寄附をすること（本人が出席する結婚披露宴の祝儀や葬式・通夜の香典を除く）。

解説 ▬ 選挙に関する寄附は、選挙に関しない寄附よりも刑が加重されています。また、②については、本人が出席する結婚披露宴の祝儀や葬式・通夜の香典であっても、通常一般の社交の程度を超えるものは寄附とみなされ、この場合には①と同様の罰則が科せられます。なお、違反行為者の公民権は一定期間停止されます。

罰則 ▶
> 1年以下の禁錮、または30万円以下の罰金（選挙に関する寄附①）
> 50万円以下の罰金（選挙に関しない寄附②）
>
> 〔公職選挙法249条の2①②③関係〕

候補者等を名義人とする寄附の禁止違反

 要件 ▶ 公職の候補者等以外の者が、選挙区内にある者に対して、候補者等の名義で寄附をすること（候補者等の親族への寄附、選挙区内で行われる政治教育集会に関する必要最小限度の実費補償を除く）。

解説 ▬ 会社や後援会などの団体が違反した場合には、その役職員または構成員として違反した人が罰則の対象となります。なお、違反行為者の公民権は一定期間停止されます。

罰則 ▶
> 50万円以下の罰金
>
> 〔公職選挙法249条の2④関係〕

寄附の勧誘・要求の禁止違反

 要件 ▶ ①公職の候補者等を威迫して、選挙区内にある者に対する寄附を勧誘したり、要求すること。

②公職の候補者等の当選を無効にさせたり、被選挙権を停止させる目的で、寄附を勧誘したり、要求すること。

③公職の候補者等以外の者を威迫して、候補者等の名義で選挙区内にある者に寄附するよう勧誘したり、要求すること。

解説 ■ それぞれの場合に応じて、量刑が異なります。なお、違反行為者の公民権は一定期間停止されます。

罰則 ▶

> 1年以下の懲役・禁錮、または30万円以下の罰金（①・③）
> 3年以下の懲役・禁錮、または50万円以下の罰金（②）
> 〔公職選挙法249条の2⑤⑥⑦関係〕

候補者等の関係会社等の寄附の禁止違反

 要件 ▶ 公職の候補者等が役職員や構成員である会社・その他の法人・団体が、選挙に関して、候補者等の氏名や氏名類推事項を表示して、選挙区内にある者に対して寄附をすること（政党などへの寄附を除く）。

解説 ■ 違反行為者の公民権は一定期間停止されます。

罰則 ▶

> 50万円以下の罰金
> 〔公職選挙法249条の3関係〕

候補者等の氏名を冠した団体の寄附の禁止違反

 ▶ 公職の候補者等の氏名や氏名類推事項を冠した会社・その他の法人・団体が、選挙に関して、選挙区内にある者に対して寄附をすること（当該候補者等、政党などへの寄附を除く）。

解説 ■■ 違反行為者の公民権は一定期間停止されます。

罰則 ▶

50万円以下の罰金

〔公職選挙法249条の4関係〕

後援団体の寄附の禁止違反

 ▶ ①後援団体が、選挙区内にある者に対して寄附をすること（候補者等への寄附、政党などへの寄附、任期満了日の91日前または選挙の告示日までにその後援団体の設立目的により行う行事や事業に関する寄附を除く）。

②後援団体の総会その他の集会・見学・旅行などの行事において、任期満了日の90日前または選挙の事由が生じた旨の告示の日の翌日から選挙期日までの間に、選挙区内にある者に対して、金銭や物品などを供与したり、供応接待をすること。

③公職の候補者等が、任期満了日の90日前または選挙の事由が生じた旨の告示の日の翌日から選挙期日の間に、自分の後援団体（資金管理団体であるものを除く）に対して寄附をすること。

解説 ■■ 違反行為者の公民権は一定期間停止されます。

罰則 ▶

50万円以下の罰金

〔公職選挙法249条の5関係〕

政治資金の規正違反

届出前の寄附の受領・支出の禁止違反

 ▶ 政治団体の設立届を出す前に、政治団体が政治活動のための寄附を受けたり、支出をすること。

解説 ■■ 違反行為により受領した寄附は没収または追徴されます。また、政治資金規正法において、団体の役職員または構成員として違反した場合には、行為者を罰するほか、その団体に対しても罰金刑が科せられます（両罰規定）。なお、違反行為者の公民権は一定期間停止されます。

罰則 ▶
> **5年以下の禁錮、または100万円以下の罰金（行為者）**
> **100万円以下の罰金（政治団体）**
>
> 〔政治資金規正法23条関係〕

政治資金パーティーの量的制限などの違反

 ▶ 1つの政治資金パーティーにつき、150万円を超えて対価の支払をすること。または、政治資金パーティーの開催者が、1つの政治資金パーティーにつき、同一の者から150万円を超えて対価の支払を受けること。

▶ 政治資金パーティーの開催者が、対価を支払う者に対して、その支払が政治資金パーティーの対価であることをあらかじめ書面で知らせておかないこと。

解説 ■■ 違反行為者の公民権は一定期間停止されます。

罰則 ▶
> **50万円以下の罰金（行為者）**
> **50万円以下の罰金（団体）**
>
> 〔政治資金規正法26条の3関係〕

寄附の制限違反

 要件 ▶ 政治団体、公職の候補者、会社などの団体、個人の寄附について、それぞれの量的制限などの規定に違反して寄附を行ったり、寄附を受けること。また、会社などの団体に対して、政党・政治資金団体以外の者（公職の候補者、資金管理団体、後援会など）に対する寄附を勧誘したり、要求すること。

解説 ■ 違反行為により受領した寄附は没収または追徴されます。また、違反行為者の公民権は一定期間停止されます。
なお、寄附の量的制限などの規定の概要は次のとおりです。

寄附者	寄附の受領者	総枠制限／個別制限
会社などの団体	政党・政治資金団体	資本金・構成員の数等に応じ 750万～1億円／なし
	その他の政治団体 公職の候補者	禁止
個人	政党・政治資金団体	2,000万円／なし
	その他の政治団体 公職の候補者＊	1,000万円／150万円

＊公職の候補者への金銭・有価証券による寄附は、選挙運動に関するものを除き、禁止されています。

罰則 ▶
> 1年以下の禁錮、または50万円以下の罰金（行為者）
> 50万円以下の罰金（団体）
>
> 〔政治資金規正法26条関係〕

101

補助金等を受けている法人の寄附の制限違反

 要件

▶ 国から、補助金、負担金、利子補給金、その他の給付金の交付の決定を受けた法人が、交付の決定の通知を受けた日から1年以内に寄附をすること。

▶ 地方公共団体から、補助金、負担金、利子補給金、その他の給付金の交付の決定を受けた法人が、交付元である地方公共団体の長、議会の議員、その候補者、これらの者が指定した資金管理団体、またはこれらの者を推薦したり、支持したり、もしくはこれに反対する政治団体に対して、交付の決定の通知を受けた日から1年以内に寄附をすること。

▶ これらの違法な寄附を受けたり、勧誘したり、要求すること。

▶ これらの規定に違反する寄附であることを知りながら寄附を受けること。

解説 違反行為により受領した寄附は没収または追徴されます。また、違反行為者の公民権は一定期間停止されます。

罰則

> **3年以下の禁錮、または50万円以下の罰金（行為者）**
> **50万円以下の罰金（団体）**
>
> 〔政治資金規正法26条の2関係〕

外国法人などからの寄附の受領の禁止違反

 要件

▶ 外国人、外国法人、その主たる構成員が外国人や外国法人である団体やその他の組織から寄附を受けること。

解説 違反行為により受領した寄附は没収または追徴されます。また、違反行為者の公民権は一定期間停止されます。

罰則

> **3年以下の禁錮、または50万円以下の罰金（行為者）**
> **50万円以下の罰金（団体）**
>
> 〔政治資金規正法26条の2関係〕

出資や拠出を受けている法人の寄附の制限違反

 ▶ 国から、資本金、基本金、その他これらに準ずるものの出資や拠出を一部でも受けている法人が寄附をすること。

▶ 地方公共団体から、資本金、基本金、その他これらに準ずるものの出資や拠出を一部でも受けている法人が、出資元である地方公共団体の長、議会の議員、その候補者、これらの者が指定した資金管理団体、またはこれらの者を推薦したり、支持したり、もしくはこれに反対する政治団体に対して寄附をすること。

▶ これらの違法な寄附を受けたり、勧誘したり、要求すること。

▶ これらの規定に違反する寄附であることを知りながら寄附を受けること。

解説 ▬ 違反行為により受領した寄附は没収または追徴されます。また、違反行為者の公民権は一定期間停止されます。

罰則 ▶
> 3年以下の禁錮、または50万円以下の罰金（行為者）
> 50万円以下の罰金（団体）
>
> 〔政治資金規正法26条の2関係〕

赤字会社の寄附の禁止違反

 ▶ 3事業年度以上にわたり継続して欠損が生じている会社が、その欠損がうめられるまでの期間中に寄附をすること。または、これらの寄附を受けること。

▶ これらの規定に違反する寄附であることを知りながら寄附を受けること。

解説 ▬ 違反行為により受領した寄附は没収または追徴されます。また、違反行為者の公民権は一定期間停止されます。

罰則 ▶	50万円以下の罰金（行為者） 50万円以下の罰金（団体） 〔政治資金規正法26条の3関係〕

匿名などの寄附等の禁止違反

▶ 本人以外の名義で寄附をしたり、匿名で寄附をすること（政党匿名寄附を除く）。または、これらの寄附を受けること。

▶ 本人以外の名義や匿名で政治資金パーティーの対価を支払ったり、または、これらの対価の支払を受けること。

解説 ■■ 違反行為により受領した寄附は没収または追徴されます。また、違反行為者の公民権は一定期間停止されます。

罰則 ▶	3年以下の禁錮、または50万円以下の罰金（行為者） 50万円以下の罰金（団体） 〔政治資金規正法26条の2関係〕

寄附等のあっせんに係る威迫的行為の禁止違反

▶ 政治活動に関する寄附をあっせんする際、相手方に対して、業務・雇用その他の関係、または組織の影響力を利用して威迫するなど、不当にその意思を拘束するような方法であっせんすること。

▶ 政治資金パーティーの対価の支払をあっせんする際、相手方に対して、不当にその意思を拘束するような方法であっせんすること。

解説 ■■ 違反行為者の公民権は一定期間停止されます。

罰則 ▶
> 6ヵ月以下の禁錮、または30万円以下の罰金（行為者）
> 30万円以下の罰金（団体）
>
> 〔政治資金規正法26条の4関係〕

意思に反するチェックオフの禁止違反

 要件 ▶ 政治活動に関する寄附をあっせんする際、相手方の意思に反して、その者の賃金・工賃・下請代金などから控除する方法で寄附を集めること。

▶ 政治資金パーティーの対価の支払をあっせんする際、相手方の意思に反して、その者の賃金・工賃・下請代金などから控除する方法で当該対価として支払われる金銭等を集めること。

解説 ■■ 違反行為者の公民権は一定期間停止されます。

罰則 ▶
> 20万円以下の罰金（行為者）
> 20万円以下の罰金（団体）
>
> 〔政治資金規正法26条の5関係〕

公務員の地位利用行為の禁止違反

 要件 ▶ 国や地方公共団体の公務員、または特定独立行政法人や特定地方独立行政法人の職員が、その地位を利用して、寄附や政治資金パーティーの対価の支払を要求したり、これらを受けたり、他者が行うこれらの行為に関与すること。または、これらの公務員に対して、これらの行為をするよう求めること。

解説 ■■ 違反行為により受領した寄附は没収または追徴されます。また、違反行為者の公民権は一定期間停止されます。

罰則 ▶
> **6ヵ月以下の禁錮、または30万円以下の罰金（行為者）**
> **30万円以下の罰金（団体）**
>
> 〔政治資金規正法26条の4関係〕

会計帳簿の備付け・記載義務違反

要件 ▶ 政治団体の会計責任者などが、会計帳簿を備付けなかったり、会計帳簿に記載すべき事項を記載しなかったり、会計帳簿に虚偽の記入をすること。

解説 ■ 次の3つの場合に応じて、処罰の対象者が異なります。これらの場合、故意ではなくても、重大な過失があれば処罰の対象になります。なお、違反行為者の公民権は一定期間停止されます。

①会計帳簿を備付けなかった場合
　原則として処罰の対象者は会計責任者ですが、会計責任者が長期不在などでその職務を果たせない場合に職務代行者がその職務を代行しているときは、その職務代行者が処罰の対象となります。

②会計帳簿に記載すべき事項を記載しなかった場合
　会計責任者または会計責任者の職務代行者のほか、会計責任者の職務を補佐する者が用いられているときは、会計責任者と並んで、その者も処罰の対象となります。

③会計帳簿に虚偽の記載をした場合
　誰であれ会計帳簿に虚偽の記載をした者は処罰の対象となります。この場合の「虚偽の記載」とは、会計帳簿の記載事項について真実に反した記入をすることをいい、単なる計算誤りなどのように軽微な過失によるものは含まれないと解されています。

罰則 ▶
> **3年以下の禁錮、または50万円以下の罰金**
>
> 〔政治資金規正法24条関係〕

明細書の提出・記載義務違反

 要件

▶ 政治団体の代表者や会計責任者と意思を通じて、その政治団体のために寄附を受けたり支出をした者が、寄附を受けまたは支出をした日から7日以内に明細書を提出しないこと。または、明細書に記載すべき事項を記載しなかったり、虚偽の記入をすること。

▶ 政治団体のために寄附や政治資金パーティーの対価の支払をあっせんした者が、あっせんを終えた日から7日以内に、その政治団体の会計責任者に明細書を提出しないこと。または、明細書に記載すべき事項を記載しなかったり、虚偽の記入をすること。

解説 ■ 虚偽の記入をした者は誰であれ処罰の対象となります。また、故意ではなくても、重大な過失があれば処罰の対象になります。なお、違反行為者の公民権は一定期間停止されます。

罰則 ▶

> **3年以下の禁錮、または50万円以下の罰金**
> 〔政治資金規正法24条関係〕

事務の引継ぎ義務違反

 要件

▶ 政治団体の会計責任者が代わった場合に、前任の会計責任者などが、退職の日から15日以内に事務の引継ぎをしないこと。

解説 ■ 故意ではなくても、重大な過失があれば処罰の対象になります。また、違反行為者の公民権は一定期間停止されます。

罰則 ▶

> **3年以下の禁錮、または50万円以下の罰金**
> 〔政治資金規正法24条関係〕

領収書などの徴収・送付義務違反

 要件 ▶ 政治団体の会計責任者、あるいは政治団体の代表者や会計責任者と意思を通じて支出をした者が、1件5万円以上（※）の支出について、支出の目的・金額・年月日が記載されている領収書など支出を証明する書面を徴収しないこと（徴収しがたい事情がある場合を除く）。または、意思を通じて支出をした者が、徴収した領収書などを会計責任者に送付しないこと。また、領収書などに虚偽の記入をすること。
※国会議員関係政治団体にあってはすべての支出。

解説 ■ 虚偽の記入をした者は誰であれ処罰の対象となります。また、故意ではなくても、重大な過失があれば処罰の対象になります。なお、違反行為者の公民権は一定期間停止されます。

罰則 ▶

> **3年以下の禁錮、または50万円以下の罰金**
> 〔政治資金規正法24条関係〕

会計帳簿などの保存義務違反

 要件 ▶ 政治団体の会計責任者が、会計帳簿・明細書・領収書などを、収支報告書の要旨が公表されてから3年を経過する日まで保存しておかないこと。

解説 ■ 故意ではなくても、重大な過失があれば処罰の対象になります。また、保存義務期間（3年間）の期間中に政治団体が解散した場合には、会計責任者であった者に保存義務が課せられ、違反した場合には処罰の対象となります。なお、違反行為者の公民権は一定期間停止されます。

罰則 ▶

> **3年以下の禁錮、または50万円以下の罰金**
> 〔政治資金規正法24条関係〕

保存中の会計帳簿などへの虚偽記入

 要件 ▶ 保存中の会計帳簿・明細書・領収書などについて、虚偽の記入をすること。

解説 ■ 虚偽の記入をした者は誰であれ処罰の対象となります。また、故意ではなくても、重大な過失があれば処罰の対象になります。なお、違反行為者の公民権は一定期間停止されます。

罰則 ▶

> **3年以下の禁錮、または50万円以下の罰金**
> 〔政治資金規正法24条関係〕

収支報告書の提出・記載・会計責任者への監督義務違反

 要件 ▶ ①政治団体の会計責任者（政治団体が解散したり政治団体でなくなった場合は代表者及び会計責任者）が、収支報告書や添付書類を提出期間内に提出しなかったり、これらに記載すべき事項を記載しなかったり、虚偽の記入をすること。
②上記の違反があった場合、その政治団体の代表者が、会計責任者の選任及び監督について相当の注意を怠っていること。

解説 ■ 収支報告書などの提出懈怠と不記載については、会計責任者が長期不在などで職務を果たせない場合で職務代行者がその職務を代行しているときには、その職務代行者が処罰の対象となります。虚偽記入については、虚偽の記入をした者は誰であれ処罰の対象となります。また、故意ではなくても、重大な過失があれば処罰の対象になります。なお、違反行為者の公民権は一定期間停止されます。

罰則 ▶

> **5年以下の禁錮、または100万円以下の罰金（行為者・①）**
> **50万円以下の罰金（政治団体の代表者・②）**
> 〔政治資金規正法25条関係〕

公民権停止

公職選挙法・政治資金規正法違反

 要件 ▶ 公職選挙法に違反し、刑に処せられること（一部の犯罪を除く）。または、政治資金規正法に違反し、刑に処せられること（一部の犯罪を除く）。

解説 ■ 公職選挙法違反、または政治資金規正法違反の罪を犯した者は、それぞれの罪状に応じて処罰されますが、さらに一定期間、選挙権及び被選挙権（公民権）が停止され、投票することも立候補することもできず、また選挙運動をすることもできません。公職にある者が被選挙権を失えば、地方自治法により、その職を失うことになります。停止期間は、犯した罪や刑罰の種類によって異なります。なお、裁判所は、情状によって刑の言渡しと同時に、選挙権及び被選挙権を停止しない旨（罰金刑の場合に限る）、または停止する期間を短縮する旨を宣告することができることとされています。

罰則 ▶

> ### 選挙権・被選挙権の停止
> 〔公職選挙法11条、252条関係、政治資金規正法28条関係〕

> 【停止期間】
> ●罰金刑の場合／裁判が確定した日から5年間
> ●罰金刑の執行猶予の場合／裁判が確定した日から刑の執行がなくなるまでの間（執行猶予の期間）
> ●懲役・禁錮刑の場合／裁判が確定した日から刑の執行が終わるまでの実刑期間と、さらにその後の5年間
> ●懲役・禁錮刑の執行猶予の場合／裁判が確定した日から刑の執行を受けることがなくなるまでの間（執行猶予の期間）
> ●買収罪や利害誘導罪などの累犯者／裁判が確定した日から刑の執行が終わるまでの実刑期間と、さらにその後の10年間（罰金刑に処せられた者については、裁判が確定した日から10年間）

政治活動要覧〈地方選挙編〉 第五次改訂版

無断禁転

令和 5 年 2 月 2 日発行

編集・発行／国政情報センター
発行人／中 島 孝 司
〒150-0044 東京都渋谷区円山町5-4 道玄坂ビル
電　話　03-3476-4111
ＦＡＸ　03-3476-4842
振替口座　00150-1-24932

定価：2,530円（本体2,300円＋税10％）　落丁・乱丁本はお取替えいたします。
ISBN978-4-87760-338-0 C3031 ¥2300E